JN080995

子どもの観る目をはぐくむ植物探検ブック！

園庭は季節を感じる窓

小泉昭男●著

Koizumi Akio

かもがわ出版

はじめに

『園庭大改造』（ひとなる書房）を書いてから10年、『園の身近な生きものと出あう探検ブック！』の本が出てから8年たちました。南は九州地方から四国、中国、近畿、東海、関東、東北と、本を出してから講演に呼んでもらったり、園庭づくりや園庭改造の助言などをおこなってきました。

また、大学の非常勤講師や大学（保育科）の講演も頼まれることも増えてきました。そこで子どもたちが、身近に自然を感じる園庭をどのようにつくっていくかを話してきました。話している中で感じたのは、保育者や保護者の中には保育や子育てに身近な自然を取り入れたいと思っている人や園はたくさんありました。しかし、自園の園庭の植物ですら知らない人や、その身近な自然と子どもが触れあうときに植物への接し方がわからないという方が多い印象を受けました。

子どもは多様な環境の中、五感で感じ、刺激を受けます。その刺激をどのように保育に反映させて、子どもたちと保育をつくっていくか。保育カリキュラムは確かに必要ですが、その通りに子どもが動くことは、問題が多いと感じています。保育は生きものです。

私のつくる園庭は身近な自然が多く存在します。ですから、大人がつくったカリキュラムのように、子どもは動きません。逆に考えると、子ども本来の姿が見

え、保育の幅が広がるのではないでしょうか。

園庭は、五感をはぐくむ空間ですが、そこでは保育する大人のかかわりが必要になります。

左の写真はまだ私が保育士をしていたころ（1993年）植物学者の伊佐義朗先生と一緒に京都御苑にある梅の木の前で撮った写真です。先生は生前、「園庭は季節を感じる窓」と研修会の時におっしゃっていました。園庭の植物などから季節を感じる二十四節季七十二候という日本の人たちが身近な自然から感じていた季節の移り変わりを問われていたのだと思います。その表も入れてみました。

今回このような形で、園庭の植物から季節を感じ、そこに集う生きものや、名前の由来、あそび方などを紹介します。この本をきっかけに子どもたちや保育者（大人）に、今まで以上に季節を感じてほしいと思います。たとえ園庭に樹木がなくても、街路樹や公園の木があります。そのことに気づき、そこに興味をもつことで保育の幅は大きく変わります。

あそびが広がる、五感で感じる、季節を感じることができる樹木を意図的に配置することが望まれると私は考えています。樹木・草花は子どもにとって一番身近に感じる環境だと思います。植えてほしい植物はこれ以外にも多くありますが、紙面の都合でだいぶ絞り込みました。その仕掛けとしてこの本を活用していただければ嬉しく思います。

2020年12月

小泉昭男

● はじめに 2
● 二十四節気七十二候 7

1 果 樹

1月 キンカン／レモン 12
2月 イヨカン／ダイダイ 13
3月 キウイフルーツ 14
4月 ナツミカン 15
5月 ユスラウメ 16
6月 ビワ／スモモ／ウメ／サクランボ（オウトウ）／クワ 17
7月 ヤマモモ／ブラックベリー 18
8月 モモ 19
9月 ナシ／ブルーベリー／イチジク 20
10月 カリン／ザクロ／ナツメ／カキ（フユガキ）・シブガキ 21
11月 ウンシュウミカン／オリーブ 22
12月 ユズ／ヒメリンゴ・リンゴ 23
コラム●畑のあれこれ 24

2 下 草

2-1 シロツメクサ（クローバー） 26
2-2 スミレ 27
2-3 フユイチゴ 28
2-4 ジャノヒゲ（リュウノヒゲ） 29
2-5 タマリュウ 30
2-6 トクサ 31
2-7 シバ 32
2-8 ツクシ 33
コラム●植物には毒がある 34

3 灌 木

3-1 ジンチョウゲ 36
3-2 レンギョウ 37
3-3 ユキヤナギ 38
3-4 ウツギ 39
3-5 ヤマブキ 40
3-6 ミツバツツジ 41
3-7 コデマリ 42
3-8 アジサイ 43
3-9 キンシバイ 44
3-10 シモツケ 45
3-11 ヒメクチナシ 46
3-12 ニシキギ 47
3-13 アベリア 48

4　フェンス緑化・壁面

4-1　ジャスミン　50
4-2　トケイソウ（パッションフルーツ）　51
4-3　モッコウバラ　52
4-4　ムベ　53
4-5　アケビ　54
4-6　カラスウリ　55
4-7　ブドウ　56
4-8　ヘデラ　57
4-9　サルトリイバラ（サンキライ）　58
4-10　フジ　59
4-11　バラ　60
4-12　ツルマサキ　61
4-13　オオイタビ　62

5　宿根草・バタフライガーデン

秋の七草
5-1　オミナエシ　64
5-2　ススキ　65
5-3　キキョウ　66
5-4　フジバカマ　67
5-5　ナデシコ　68
5-6　クズ　69
5-7　ハギ（ヤマハギ）　70
5-8　ホタルブクロ　71
5-9　ホトトギス　72
5-10　ブッドレア　73
5-11　カタバミ（ムラサキカタバミ）　74
5-12　ヨモギ　75
5-13　イラクサ　76
5-14　ヤブカラシ（ヤブガラシ）　77
5-15　ヒガンバナ　78
5-16　アザミ　79
5-17　ランタナ（シチヘンゲ）　80
5-18　マリーゴールド　81
5-19　ゲンゲ（レンゲソウ）　82
5-20　コスモス　83
5-21　ヒメジョン　84
5-22　アブラナ　85
5-23　カンサイタンポポ　86

6　生け垣

6-1　ウバメガシ　88
6-2　カナメモチ　89
6-3　ネズミモチ　90
6-4　キンモクセイ　91
6-5　ヒイラギ　92
6-6　トキワマンサク　93
コラム●命とあそぶ　94

7 樹木

7-1 サンシュウ 96
7-2 コブシ 97
7-3 ロウバイ 98
7-4 ヤマボウシ 99
7-5 ネムノキ 100
7-6 ケヤキ 101
7-7 イロハモミジ 102
7-8 イチョウ 103
7-9 フウ 104
7-10 カツラ 105
7-11 トウカエデ 106
7-12 ムクノキ 107
7-13 エノキ 108
7-14 カシワ 109
7-15 オニグルミ（クルミ） 110
7-16 コナラ 111
7-17 クヌギ 112
7-18 マテバシイ 113
7-19 シリブカガシ 114
7-20 アラカシ 115
7-21 エゴノキ 116
7-22 ムクロジ 117
7-23 エンジュ 118
7-24 ナンキンハゼ 119
7-25 ゲッケイジュ（ローリエ） 120
7-26 トチノキ 121
7-27 ヤシャブシ 122
7-28 サンゴジュ 123
7-29 クスノキ 124
7-30 シダレヤナギ 125
7-31 シュロ 126

● おわりに 127

チョウのアイコン説明

誌面は（　）で表記

アゲハチョウ科
（アゲハ）

マダラチョウ科
（マダラ）

タテハチョウ科
（タテハ）

シロチョウ科
（シロ）

シジミチョウ科
（シジミ）

〈二十四節気七十二候〉

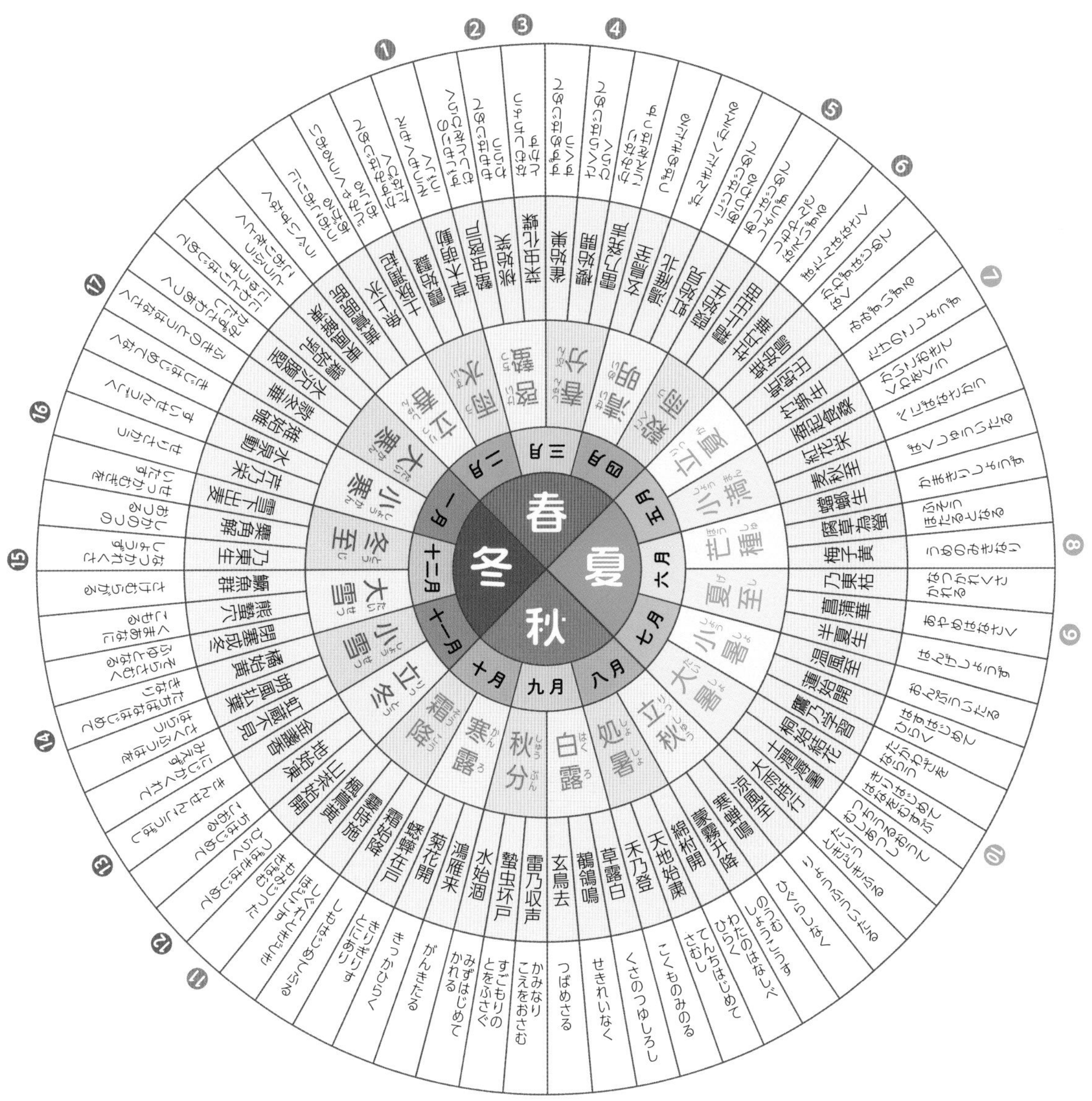

春
夏
秋
冬
一月
二月
三月
四月
五月
六月
七月
八月
九月
十月
十一月
十二月
立春
雨水
啓蟄
春分
清明
穀雨
立夏
小満
芒種
夏至
小暑
大暑
立秋
処暑
白露
秋分
寒露
霜降
立冬
小雪
大雪
冬至
小寒
大寒
東風解凍
黄鶯睍睆
魚上氷
土脉潤起
霞始靆
草木萌動
蟄虫啓戸
桃始笑
菜虫化蝶
雀始巣
桜始開
雷乃発声
玄鳥至
鴻雁北
虹始見
葭始生
霜止出苗
牡丹華
蛙始鳴
蚯蚓出
竹笋生
蚕起食桑
紅花栄
麦秋至
蟷螂生
腐草為螢
梅子黄
乃東枯
菖蒲華
半夏生
温風至
蓮始開
鷹乃学習
桐始結花
土潤溽暑
大雨時行
涼風至
寒蝉鳴
蒙霧升降
綿柎開
天地始粛
禾乃登
草露白
鶺鴒鳴
玄鳥去
雷乃収声
蟄虫坏戸
水始涸
鴻雁来
菊花開
蟋蟀在戸
霜始降
霎時施
楓蔦黄
山茶始開
地始凍
金盞香
虹蔵不見
朔風払葉
橘始黄
閉塞成冬
熊蟄穴
鱖魚群
乃東生
麋角解
雪下出麦
芹乃栄
水泉動
雉始雊
款冬華
水沢腹堅
鶏始乳

春

●黄鶯睍睆（うぐいすなく）　2月9日頃

山里で鶯が鳴き始める頃。春の訪れを告げる鶯は「春告鳥」とも呼ばれます。

❶草木萌動（そうもくもえうごく）　2月28日頃

草木が芽吹き始める頃。草の芽が萌え出すことを「草萌え」と言います。

●蟄虫啓戸（すごもりのむしとをひらく）　3月5日頃

戸を啓いて顔を出すかのように、冬ごもりをしていた生きものが姿を表す頃。

❷桃始笑（ももはじめてわらう）　3月10日頃

桃の花が咲き始める頃。花が咲くことを「笑う」と表現、「山笑う」は春の季語です。

❸菜虫化蝶（なむしちょうとかす）　3月15日頃

青虫がモンシロチョウになる頃。「菜虫」は菜を食べる青虫のこと。菜の花が咲いてまさに春本番。

●雀始巣（すずめはじめてすくう）　3月20日頃

雀が巣を作り始める頃。昼の時間が少しずつ伸び、多くの小鳥たちが繁殖期を迎えます。

❹桜始開（さくらはじめてひらく）　3月25日頃

桜の花が咲き始める頃。桜前線の北上を日本中が待ち望む、お花見の季節の到来です。

●玄鳥至（つばめきたる）　4月5日頃

燕が南の国から渡ってくる頃。「玄鳥」とは燕の異名です。

●鴻雁北（がんきたへかえる）　4月10日頃

雁が北へ帰っていく頃。雁は夏場をシベリアで、冬は日本で過ごす渡り鳥です。

❺葭始生（あしはじめてしょうず）　4月20日頃

水辺の葭が芽吹き始める頃。葭は夏に背を伸ばし、秋に黄金色の穂をなびかせます。

❻牡丹華（ぼたんはなさく）　4月30日頃

牡丹が大きな花を咲かせる頃。豪華であでやかな牡丹は「百花の王」と呼ばれています。

夏

●蛙始鳴（かわずはじめてなく）　5月5日頃

蛙が鳴き始める頃。水田の中をスイスイ泳ぎ、活発に活動を始めます。「かわず」は蛙の歌語・雅語。

●蚯蚓出（みみずいずる）　5月10日頃

みみずが地上に出てくる頃。畑土をほぐしてくれるみみずは、動き始めるのが少し遅めです。

❼竹笋生（たけのこしょうず）　5月15日頃

たけのこが出てくる頃。たけのこは成長が早く、一晩でひと節伸びると言われています。

●蚕起食桑（かいこおきてくわをくう）　5月21日頃

蚕が桑の葉を盛んに食べだす頃。蚕がつむいだ繭は美しい絹糸になります。

●蟷螂生（かまきりしょうず）　6月5日頃

かまきりが卵からかえる頃。ピンポン球ほどの卵から数百匹の子が誕生します。

●腐草為螢（ふそうほたるとなる）　6月10日頃

草の中から蛍が舞い、光を放ち始める頃。昔は腐った草が蛍になると考えていました。

❽梅子黄（うめのみきなり）　6月15日頃

梅の実が黄ばんで熟す頃。青い梅が次第に黄色みをおび、赤く熟していきます。

❾菖蒲華（あやめはなさく）　6月26日頃

あやめの花が咲き始める頃。端午の節句に用いる菖蒲ではなく、花菖蒲のことです。

●鷹乃学習（たかわざをならう）　7月17日頃

鷹の子が飛ぶ技を覚え、巣立ちを迎える頃。獲物をとらえ一人前になっていきます。

❿桐始結花（きりはじめてはなをむすぶ）　7月23日頃

桐の花が実を結び始める頃。桐はたんすや下駄など暮らしの道具に欠かせないものです。

秋

●寒蟬鳴（ひぐらしなく）　8月12日頃

カナカナと甲高くひぐらしが鳴き始める頃。日暮れに響く虫の声は、一服の清涼剤。

●鶺鴒鳴（せきれいなく） **9月12日頃**

せきれいが鳴き始める頃。せきれいは日本神話にも登場し、別名は「恋教え鳥」。

●蟄虫坏戸（すごもりのむしとをとざす） **9月28日頃**

虫たちが土にもぐり、入口の戸をふさぐ頃。冬ごもりの支度をする時期です。

●鴻雁来（がんきたる） **10月8日頃**

雁が渡ってくる頃。清明の時期に北へ帰っていった雁たちが、再びやってきます。

●蟋蟀在戸（きりぎりすとにあり） **10月18日頃**

戸口で秋の虫が鳴く頃。昔は「こおろぎ」を「きりぎりす」と呼びました。

⑪楓蔦黄（もみじつたきなり） **11月2日頃**

楓や蔦の葉が色づく頃。晩秋の山々は赤や黄に彩られ、紅葉狩りの季節です。

冬

⑫山茶始開（つばきはじめてひらく） **11月7日頃**

山茶花の花が咲き始める頃。椿と混同されがちですが、先駆けて咲くのは山茶花です。

⑬金盞香（きんせんこうばし） **11月17日頃**

水仙が咲き芳香を放つ頃。「金盞」は金色の盃のことで、水仙の黄色い冠を見立てています。

⑭橘始黄（たちばなはじめてきなり） **12月2日頃**

橘の実が黄色く色づき始める頃。常緑樹の橘は、永遠の象徴とされています。

●熊蟄穴（くまあなにこもる） **12月12日頃**

熊が穴に入って冬ごもりする頃。何も食べずに過ごすため、秋に食いだめをします。

⑮乃東生（なつかれくさしょうず） **12月22日頃**

夏枯草が芽をだす頃。夏至の「乃東枯」に対応し、うつぼ草を表しています。

●麋角解（しかのつのおつる） **12月27日頃**

鹿の角が落ちる頃。「麋」は大鹿のことで、古い角を落として生え変わります。

⑯芹乃栄（せりさかう） **1月5日頃**

芹が盛んに育つ頃。春の七草のひとつで、7日の七草粥に入れて食べられます。

⑰款冬華（ふきのとうはなさく） **1月20日頃**

雪の下からふきのとうが顔をだす頃。香りが強くほろ苦いふきのとうは早春の味。

●鶏始乳（にわとりはじめてにゅうす） **1月30日頃**

鶏が鳥屋に入って卵を産み始める頃。本来、鶏は冬は産卵せず、春が近づくと卵を産みました。

1
果　樹

1月 キンカン／レモン

キンカン

キンカン

レモン

花は他のミカン系と違い、少し遅れて６月ごろに咲き始めます。剪定時期をまちがえると花芽を落とすことになるので気をつけてください。果実は12月から１月にかけて色づきます。キンカンは生でも食べられますが、甘露煮や甘酢煮などに加工しても食べられます。

レモンにはユズほどの大きなトゲではありませんが、柑橘系のトゲがあるので、気をつけてください。生ではなかなか食べにくいですが、加工すると食べやすいです。はちみつ漬けやジャム、また皮でレモンピールなどもできます。

2月 イヨカン／ダイダイ

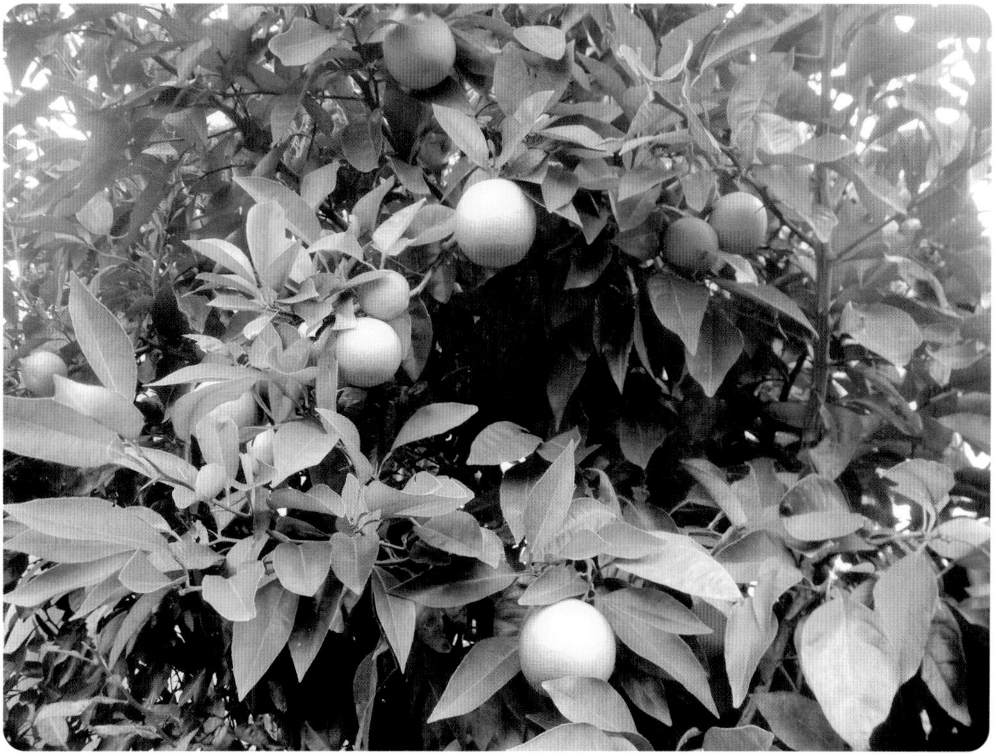

ダイダイ

イヨカンの収穫は２月までです。それ以降になると樹木が動き出す（春になると根が動く）ので、果実に菌が付着することがあるので気をつけてください。

苗木から育てると収穫するまでには数年かかることがあるので気長に待ってください。ジャムなどに加工するとおやつなどに使えます。

3月 キウイフルーツ

12月ごろに葉を落とすので、その時に収穫することもあります。まだ実が硬い場合がありますが、保存する時にリンゴなどと一緒にして熟すのを早めたりもします。しかし本来は樹で熟したものをその場で取って食べたいものです。つる性の樹木はつるがはびこり近くの木などに絡みつくことがあるので収穫時に剪定することが大事です。

4月 ナツミカン

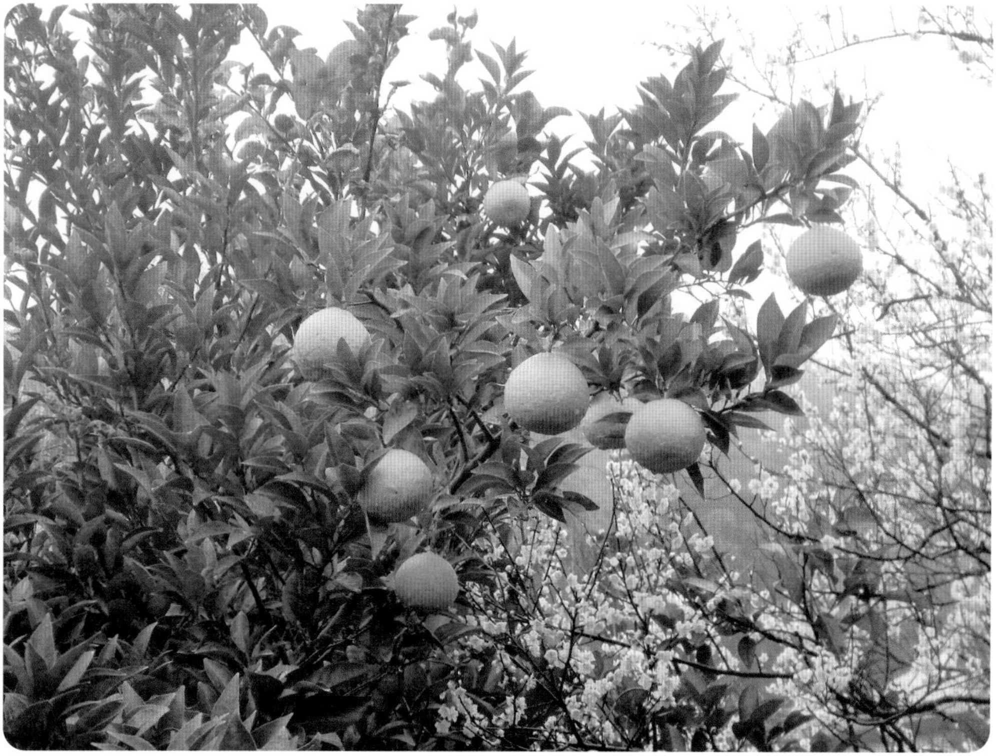

柑橘系の樹木です。花は春に咲きますが一年ほど時間をかけて果実が熟します。葉にはもちろんアゲハ系のチョウが食草として訪れてくれます。皮を加工して砂糖漬けなどもできます。

5月 ユスラウメ

果実は小さく、金平糖ぐらいの多いさで、赤く熟したら食べごろです。中には大きな種がはいっているので、乳児に与えるときは気をつけてください。樹木の高さもそれほど大きくならないので、子どもの目線で楽しめます。

6月 ビワ／スモモ／ウメ／サクランボ（オウトウ）／クワ

ビワ　花は人知れず寒いときに咲きます。花粉を媒介するのは、冬越しの鳥です。生きものの命をつなぐビワを植えましょう。

ウメ　実は梅干し、ジャムにもなります。子どもたちと収穫をして楽しめます。ただし青梅には毒がありますので気をつけましょう。

クワ　実はジャムにもなります。葉っぱは、お蚕さんを飼育するエサになります。→

スモモ　春に花を咲かせて6月ごろには実を結びます。

サクランボ（オウトウ）　花はバラ科なので桜と同じような花が咲きます。

7月

ヤマモモ／ブラックベリー

ヤマモモ　朱色に熟す実はとても甘く、山のおやつといわれています。ジュースや、ジャムに加工もできます。

ブラックベリー　園のフェンスの目隠しなどに使われることがあります。苗を植えて3年ほどで実が収穫できます。実が黒くなると熟したしるしです。採ってそのままでも食べられますが、ジャムに加工してパンに塗るなど、おやつの時間の楽しみが増えます。

8月 モモ

果樹の外の皮が軟らかいので、収穫を目的とする場合は袋をかけてください。モモの木は、葉っぱに縮葉病というものがつきやすいです（ウメ、アンズも）。一度発生すると毎年出ますので、冬の間に殺菌剤を散布することをオススメします。

実には、影響ありません。ウメ（1〜3月）→モモ（3〜4月）→サクラ（4月〜）と順番に咲きます。季節の移り変わりが楽しめます。

9月 ナシ／ブルーベリー／イチジク

ナシ　果実の外の皮が軟らかいので、収穫を目的とする場合は袋をかけてください。

ブルーベリー　ツツジと同じ仲間なので春に花が咲き、夏の終わりごろに収穫になります。大きなプランターなどで育てられます。二種類あれば収穫量は増えます。

イチジク　実の中に花をもつユニークな果樹です。ジャムにもなります。春に伸びた枝に下から順番に実をつけるので、冬に低く切り詰めても実はつきます。

10月 カリン／ザクロ／ナツメ／カキ（フユガキ）・シブガキ

カリン　花は小さいですが、ひと夏のうちに大きくなります。樹にしがみつくように果実がつきます。黄色く色づけば収穫時期です。ジュースもつくれたり、玄関に置けばよい香りがします。

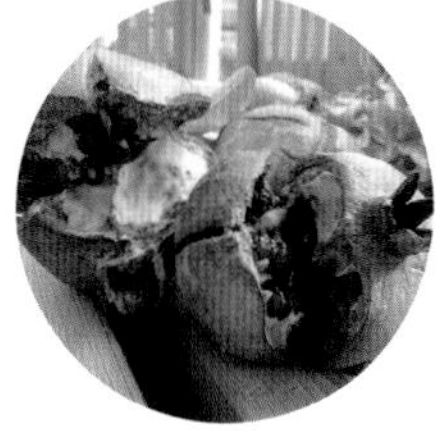

ザクロ　子どもを守る神様の鬼子母神（きしぼじん）のお供え物として有名です。園にはぜひとも植えたい果樹の一つです。

ナツメ　小さいリンゴのような形をしています。味もリンゴに似ています。

カキ（フユウガキ）・シブガキ
二種類植えて、加工して食べるもの（シブガキ）とその場で食べられるもの（フユガキ）があると楽しめます。

11月 ウンシュウミカン／オリーブ

ウンシュウミカン　葉っぱにはアゲハチョウがやって来ます。このミカンは、背丈はそれほど大きくならないので子どもでも果実の変化が楽しめます。

オリーブ　樹木は大きくなるので、管理できるところに植えてください。実は、絞ってオリーブ油に、塩漬けなどにもできます。

12月 ユズ／ヒメリンゴ・リンゴ

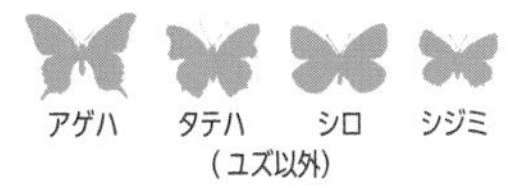

ユズ　木の枝にはトゲがあるので、収穫時は気をつけてください。果実は絞ってジュースなどにも加工できます。

ヒメリンゴ・リンゴ　春に白い花が短い枝先に咲きます。収穫までには時間がかかります。

寒肥について（樹木・果樹）

果樹には必ず肥料が必要になります。専門家の方に寒の入りの時期に入れてもらうか、子どもたちで入れるのならＮＰＫの肥料配合のうちＰ（リン）が多いものを入れてください。まるやま３号という有機肥料が良いかと思います。この肥料は暖効性肥料（一年でかけてゆっくりと効いてくる肥料。基本的には有機肥料のことをさす）です。樹木の小枝先の下の土の部分に多めに肥料は入れてください。樹木は肥料がほしいので根を伸ばします。その時、大きく太い根があり切ると、そこからまた肥料を吸い上げる細い根が伸びてきます。

土がかたくなっている場合は、バールなどで穴をあけて根に空気が届くようにメンテナンスしてください。

畑のあれこれ

夏野菜は、食育・クッキングなどと連携して、給食室と取り組んでおられる園も多いかと思います。私が提案するのはその枠を少し超えてほしいと思っています。園の畑は、作物の収穫だけが目的ではないという考え方です。もちろん収穫がまったくないというのではありません。「いただきます」「ごちそうさま」は、日本独自の食事の時のあいさつ、「いのちをいただく」。この言葉に込められた思いを保育の中で感じるには、どのような取り組みが大事なのかを畑という身近な自然を楽しむことから考えたいと思います。

❶ 害虫といわれる生きもの

野菜には害虫といわれる虫がつきます。しかしこの害虫も子どもにとってみれば昆虫です。このとき、薬をまくのではなく、飼育してください。代表なのはナス科に来るニジュウヤホシテントウ。土の中にいる根切り虫（コガネムシの幼虫)、にんじんに来るのはキアゲハの幼虫です。

❷ マルチングは大事なの？

マルチング（植えた植物の上からビニールなどで覆うこと）は土の温度を上げるので良いとされています。しかしそうすると子どもが畑に行く回数が減ります。収穫時だけに行くことになります。草を取り、花を見て実の大きさや変化を知る。そして実を結ばせることを知るためには、生きものを見ることが一番大事なことです。

❸ プランターでも楽しめる

土地がないという園はプランターで充分楽しめます。またプランターだと部屋の前に設置することで、毎日変化が楽しめます。地植えと違い水やりは毎日ですが、その分身近になるということです。

夏野菜は2～3か月で実を結びます。そのためには、土づくりと肥料が大事になります。

おじいさんは山にしばかりに行きました。古い時代の肥料は、刈敷といわれる二次林から採取してくる若葉や小枝などを水田にすき込み肥料にしていました。落ち葉、下草は堆肥に幹や枝は燃やして灰にして肥料に使ったものです。今では有機肥料で売られているものがあります。

肥料の配合	窒素	葉の肥料といわれている。これが多いと葉だけが茂る
	リン酸	花・実の肥料といわれている。少ないと花つき実のつきが悪い
	カリウム	根の肥料といわれている。根の発育を助ける

肥料の袋に　10（窒素)：8（リン酸)：8（カリウム）という配合のこと

2
下草

2→1 シロツメクサ（クローバー）

シロ（キチョウ）

公園や空き地に生えるマメ科です。この葉を食べるのは、黄色がとてもきれいなキチョウです。吸蜜にも訪れるので、見つけたら卵を産むところが見られるかもしれません。また、花の首飾りにしたり、指輪にしたりしてあそびます。種は市販されていますので購入して園庭にまけば、じゅうたんのようになります。四つ葉を探してみよう。

2-2 スミレ

街中でよく見かけるパンジー、ビオラなどのスミレには、ツマグロヒョウモンというタテハの仲間が卵を生みます。

早春に里山にスミレが咲き始めています。スミレの種類はたくさんありますが、里山に咲くのはタチツボスミレが有名ですが単にスミレというものもあります。ガーデンイングで植えられるパンジーやビオラもスミレの仲間で、これは花が大きいので家庭でも花壇などに植えられています。

葉っぱを食べるのはツマグロヒョウモンぐらいですから、毛虫を見つけたら殺虫剤をかけるなんてことはしないでください。捕まえて部屋で飼育観察してみると、とてもおもしろいです。餌はもちろんスミレの葉っぱをあげるだけ、しばらくすると終齢幼虫になり脱皮をして蛹になります。この蛹は垂蛹という形です。帯蛹はアゲハやモンシロチョウですが、これはぶら下がります。飼育ケースの蓋にぶら下がるので開けるときに気をつけないと落としてしまうこともあります。スミレの名前は、花は大工さんが墨を打つときに使う墨つぼから来ています。墨つぼの形がスミレに似ているので、墨入れからスミレです。

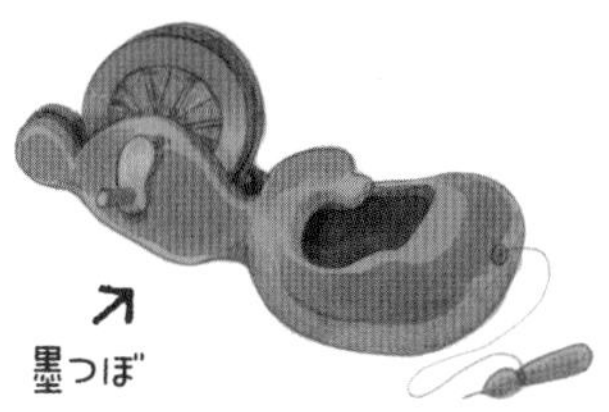

タチツボスミレ

2-3 フユイチゴ

11月ごろに地面をはうようにして咲いているフユイチゴ。里山などの日の当たる山裾に生えています。花はそれほど目立ちませんが、赤い実がみどりの葉の中に隠れています。散歩などで見つけてください。11〜12月ごろなら根から持ち帰り保育園の木陰に植えると、グランドカバーにもなります。

2-4 ジャノヒゲ（リュウノヒゲ）

野の草を抑える効果があります。芝の代わりや、樹木の草おさえなどにも使えます。常緑なので枯れることはありません。

葉っぱの根元を探せば、青い実がついています。龍の目が青いのでその周りにひげのように生えている葉っぱをひげにみたてたようです。その実の外の皮をはがし、中の種を取り出します。ゴムのように跳ねるので、スーパーボールのようにあそべます。ヤブランにも黒い実がつくので、同じようにあそべます。

2-5 タマリュウ

リュウノヒゲほど葉が長くなく、地面を隠すグランドカバーなどにも使われます。雑草を抑えてくれる役目と根を守る役目をしますので、大事な樹木の下に引くことをお勧めします。青い実が冬にはつくのでその時は子どもたちに取らせてあげてください。

2-6 トクサ

つくしと同じ仲間です。茶花として植えられることがあります。本来は、この茎のザラザラしたところで爪を磨いたのが名前の由来で、研ぐ草からきています。根を伸ばして増えるので数本植えておくと増えてきます。もちろん子どもにあそんでもらうのが目的です。切っても枯れることはありません。

つくしのように途中の節で外れるので、引っぱって元に戻してあそべます。また上記にもあるように爪を研いだり、ごっこに使えます。

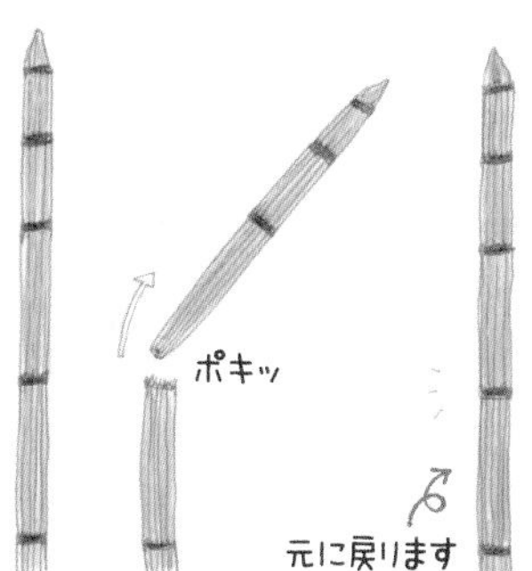

2→7 シバ

グランドカバーとして植えられます。ノシバ、コウライシバ、ティフトンシバ、ヒメコウライシバなど、たくさんの種類があります。これらの管理は、とても大変です。芝刈りは定期的におこなわなくてはならず、冬には根を切る作業や肥料入れなどが必要になります。雑草が隙間に入ることがあります。除草作業または薬剤による管理なども必要になります。しかし、芝生に寝転ぶ感触、においなどは感じてもらいたいものです。

2→8 ツクシ

スギナ

スギナと土筆（つくし）は親子関係です。土筆はスギナの花ということになります。実際は、花ではなく、胞子を飛ばす胞子茎と呼ばれるものにあたります。土筆が先にでてスギナがあとから生えてきます。スギナは百姓からすると抜いても抜いても枯れない憎たらし雑草です。でもトクサ科の草なので、あそびに使えたり、スギナ茶として売られたりもしています。昔は酸性土壌に生えるといわれていましたが、一概には言えないようです。

土筆を食べるときに、「はかま」といわれる部分を取ることが大事です。このはかまはいったい何なのかということですが、退化した葉だといわれています。でもこの葉っぱは栄養を蓄えることができません。後から出てくるスギナが栄養を貯めて地中に送ります。地下茎でつながっている土筆はこの栄養を貯めて次の春に花を咲かせます。

植物には毒がある

植物がなければ生きものは生きられないということをまず覚えておいてください。

動物は動くことができるのですが、植物は動けません。動けない生きものなので、紫外線や風雨などが降り注ぎます。暑くても、寒くても動けません。そこで植物は身体を守るために化合物をつくり出すことにしました。

その化合物の一つが毒です。漢方薬は、植物由来のものが多くあり、毒を利用して薬にもなります。クスノキの根や幹は樟脳（しょうのう）をつくりだす成分を含みます。これは毛虫などから身を守るためのものです。この作用を利用して防虫剤がつくられています。植物は、さまざまな物質をつくりだし、人はその恩恵を受けています。

苦味成分も毒です。植物は食べられないために苦み・渋み・辛みなどの成分を出すことがあります。ニガウリといわれるゴーヤやピーマンなどは苦み成分を緑色のときに皮にもっています。植物が自らを守るためにだしているものなのです。ゴーヤはやがて黄色く熟し、中の種子はゼリーに包まれて赤く熟します。赤色は鳥が見えるので運んでもらえるのです。子どもがピーマンを食べられないのは、苦味が毒だという防衛本能からきているのです。無理やり栄養があるから食べなさいというのは問題があると私は思います。

人にとって有害なものもあるのは事実です。そこで子どもと植物とのかかわりを見てみましょう。

草花あそびには、毒のあるものが多く含まれます。ご存じの方もおられると思いますが少し出してみましょう。

オシロイバナ	この花の種は黒くて、つぶして中の白い粉をほっぺなどに塗るあそびはありますが、この種には、トリゴネリンという嘔吐、腹痛を起こす毒があります。
ヒガンバナ	首飾りやチョウチンなどにしてあそびます。アルカイド系の毒が球根に多く含まれます。ユリ根などに似ているのでまちがえて食べると呼吸不全やけいれんなどを起こします。
ヨウシュヤマゴボウ	種を染物あそびなどに使いますが、種にはアルカイド系の毒があります。ブルーベリーなどとまちがえると嘔吐、下痢などを起こします。
アサガオ	実は、この種にも毒はあります。小学校の一年生はこの花を育てますが、種は下痢を引きおこすこともあります。

葉っぱなどにも毒があるものもあります。スイセンとニラをまちがえて食べた話は有名です。これらはすべて植物が自らの遺伝子を残すためにつけた防衛、生きぬくための手段なのです。

毒の要素は、実際に恐竜がほろんだ原因の一つだともいわれています。人は、その長い歴史の中で植物をうまく利用してつき合ってきました。

保育をする中で、その意味をまちがえると子どもと自然を離してしまうことにもなります。私の考えですが、植物には毒があることをしっかり知ることで、あそびの枠を広げることもできます。怖がる必要はありませんが、知らないことが一番危険なことなのです。

3

灌木（かんぼく）

3→1 ジンチョウゲ

3月に花をつけます。大きくなる樹ではありませんので、園庭の隅に植えることをおすすめします。ほのかな香りで気づくことができると思います。年長にはこの花が咲いたら小学校に行ける。年中には花が咲くと年長になると意味づけをしてみてはいかがでしょうか。あまり目立たない花でも記憶に残すしかけとして植えたいものです。

3→2 レンギョウ

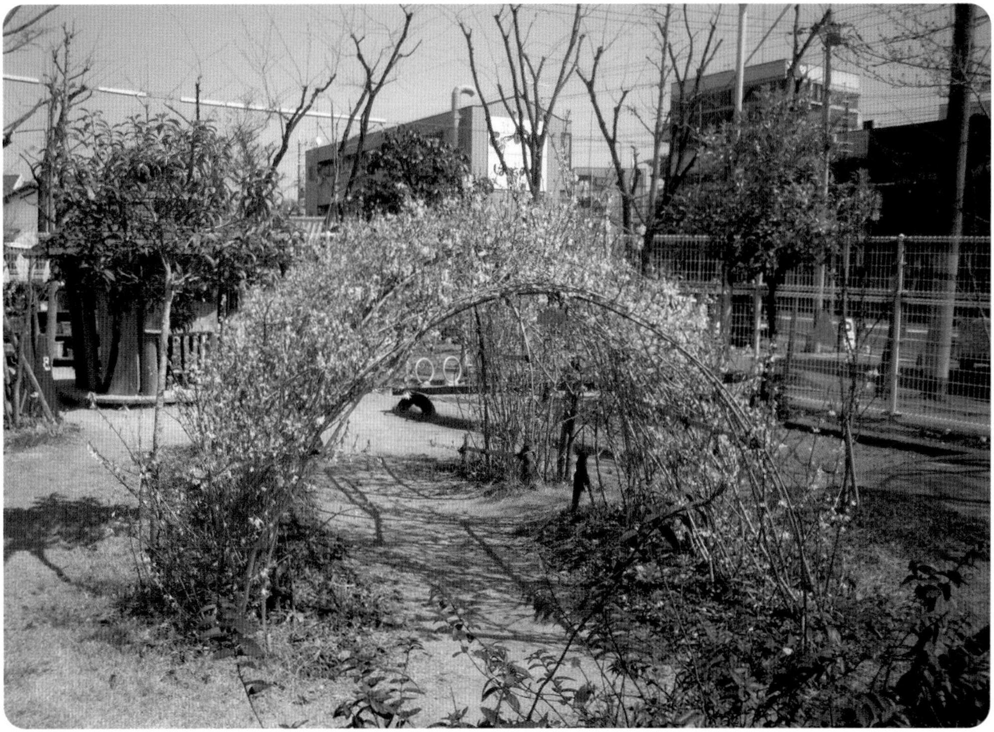

街中に多く植えてあるのはチョウセンレンギョウですが、レンギョウはチョウがたくさん止まって連なっていることが名前の由来です。私はレンギョウをトンネルにすることがあります。春に黄色い花が咲き、夏には緑のトンネル、そして冬には落ち葉を落とした明るいトンネルになります。生きもののトンネルにはたくさんの生きものが関わります。それに気づくしかけとして、つくりたいと私は考えています。

3-3 ユキヤナギ

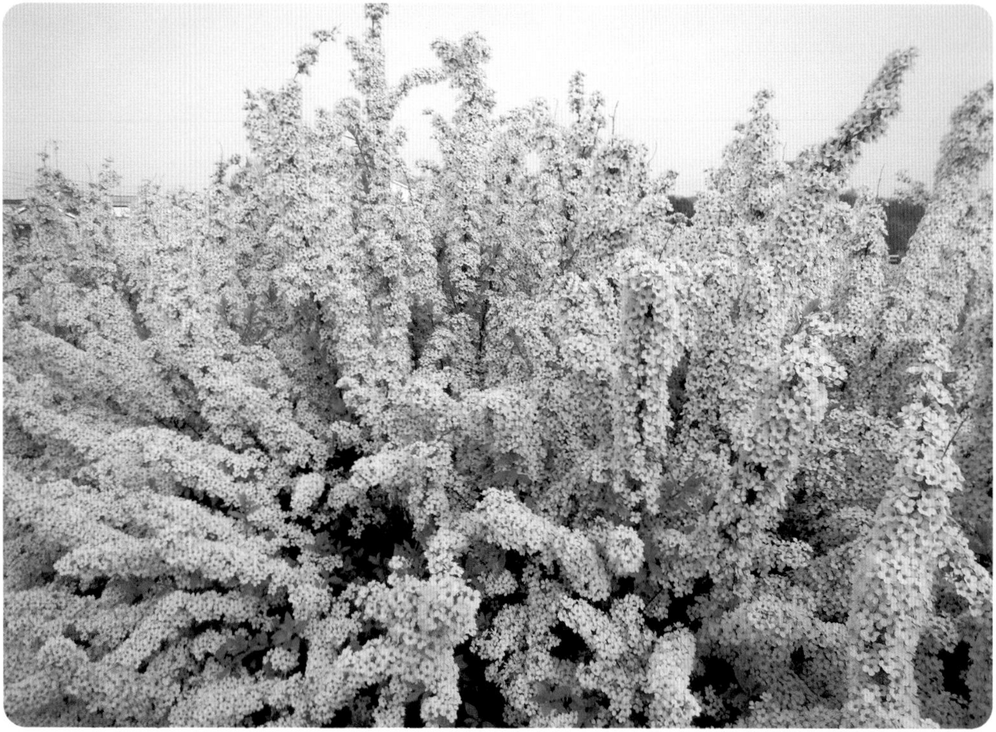

春にサクラと共に咲く花です。遠くから見ると雪をかぶったような真っ白な花を枝先からつけます。剪定時期をまちがえて冬に切りつめると、花芽を落としてしまうので、花が終わった夏に切ってください。花には冬越しのチョウ等が訪れてくれます。

3→4 ウツギ（空木）

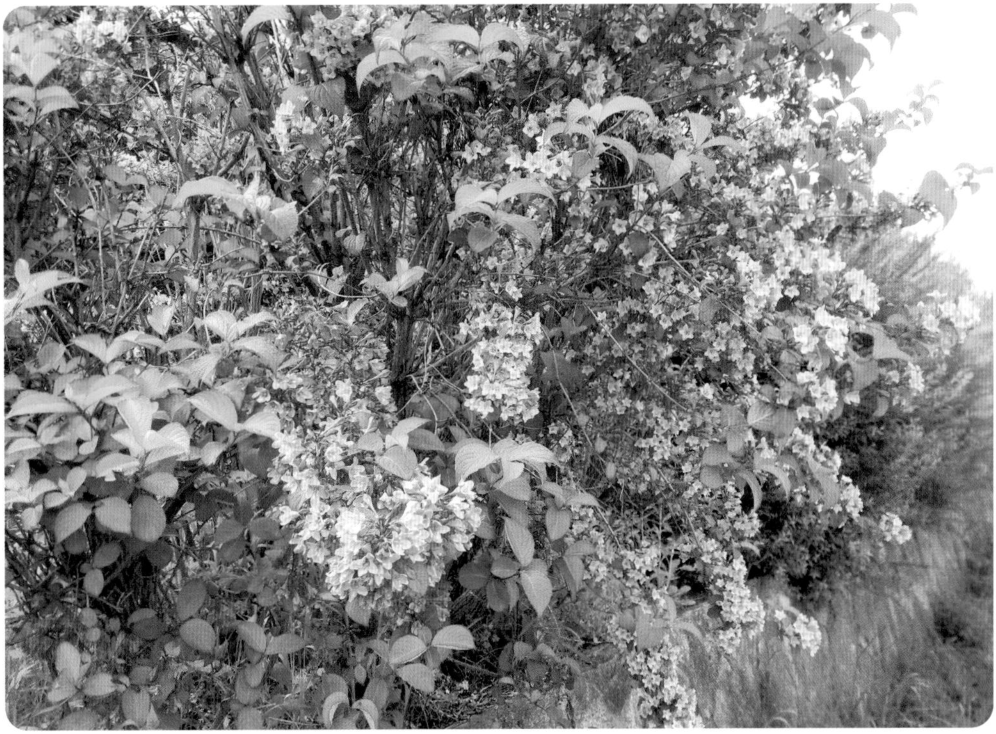

卯の花ともいいますが、この葉っぱには鋸歯（きょし）があり、そのトゲのようなところでカイコの糸を探り出すことからこの名前がついています。また枝を切ると中が中空になっていて「空の木」ということからウツギと名前がついたとも言われます。花は春に枝先にたくさんつけます。茎がストローがわりにもなり、シャボン玉あそびにも使えます。

中空の幹

3→5 ヤマブキ

ヤエヤマブキ

ヤエヤマブキは太田道灌の「七重八重　花は咲けども山吹の　蓑一つだに　なけぞ悲しき」という歌が有名ですが、八重の花には実がつきません。一重のヤマブキやシロヤマブキは黒い実が花の後につきます。黄色い花が咲きます。植える場所は、花壇や樹木の下でも育ちます。花が終われば切りそろえてください。来年の芽が出て秋以降に花芽をつけます。

ヤマブキ（一重）

3→6 ミツバツツジ

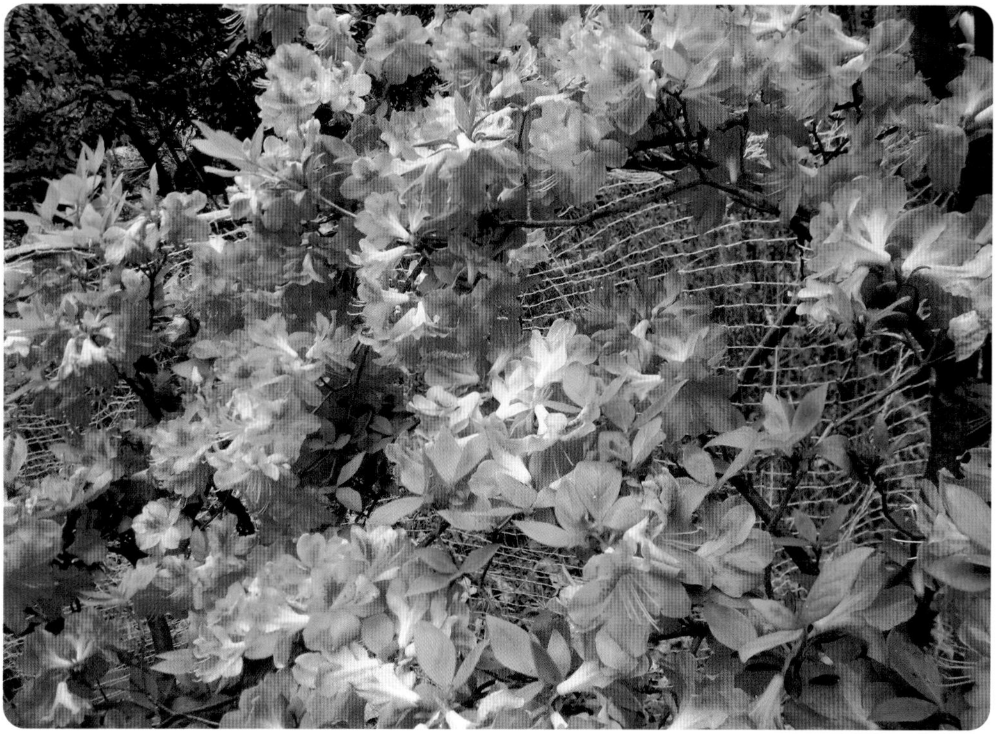

コバノミツバツツジ

春一番に里山などのひらけたところに咲くツツジです。あまり土を選ばないので、やせた土地でもきれいな花を咲かせてくれます。葉っぱを出す前に紅紫の花を咲かせます。花が終わると３枚の葉を出します。この花は春の訪れを知らせる樹でもあります。古くから庭木として植えられてきました。

3→7 コデマリ

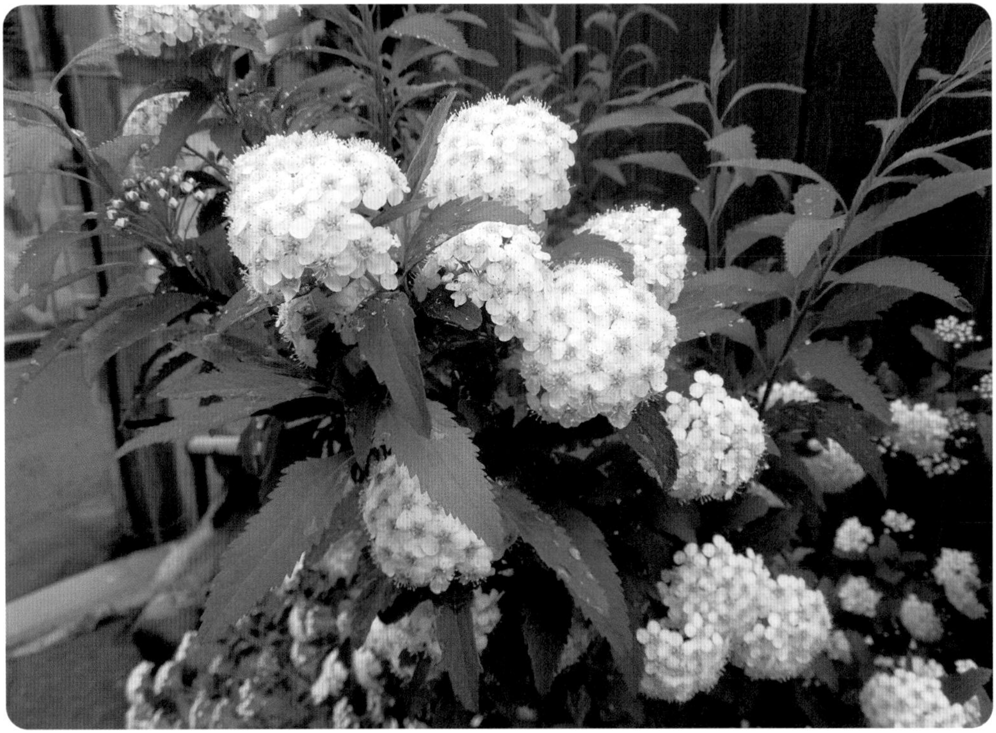

花は小さな鞠のような形をしています。庭木として古くから植えられてきました。小さな花の集合体でもあるのでたくさんの蜜をもちます。数本植えてくと吸蜜植物としてチョウなどが訪れてくれます。また切り花としても使え、卒園式・入学式などの花にも使われています。

3-8 アジサイ

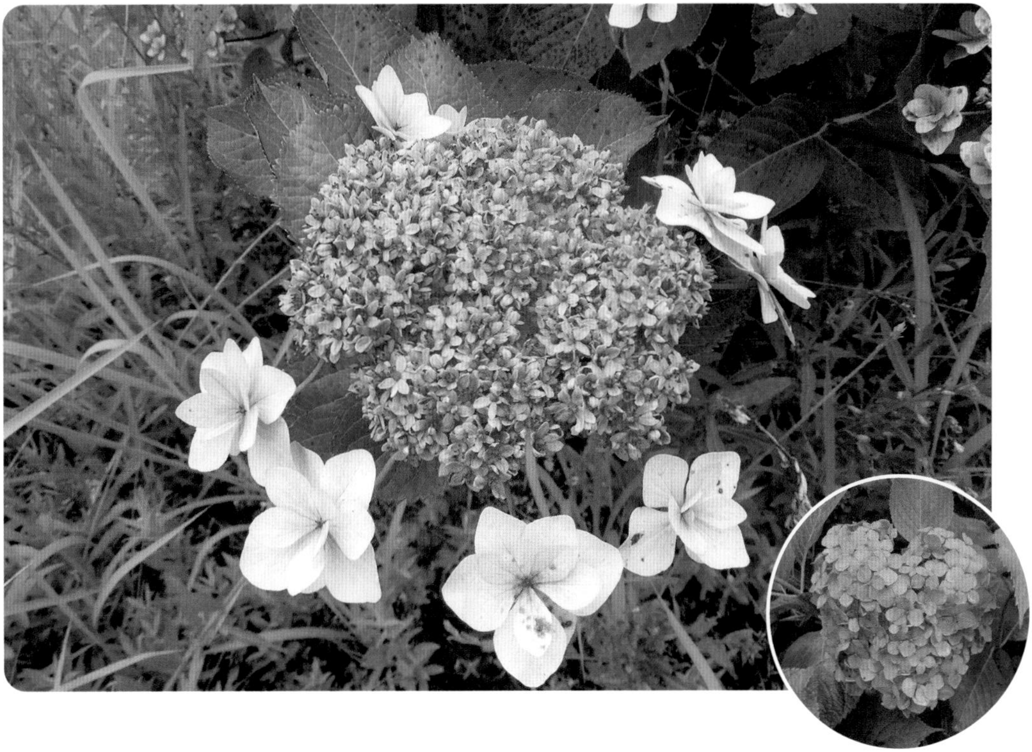

梅雨に咲くアジサイです。在来のアジサイは実はガクアジサイです。水分が多くいるので保水性の土が良いと思います。土によって色が変わると言われていますが、一般に「酸性ならば青、アルカリ性ならば赤」になると言われています（リトマス試験紙と逆なので注意が必要）。日本の土は弱酸性なので青色が多いと言われています。一部のアジサイの葉には毒性がるという報告もあります。食べることはないと思いますが気をつけてください。

花をつけるには、夏までに枝を切る必要があります。夏の芽が伸びて、次の梅雨に花を咲かせます。

3→9 キンシバイ

6月ごろに黄色いウメのような花が咲きます。黄色い花は昆虫を誘う色でもあるのでたくさん生きものが集います。色水あそびや、葉っぱを揉んでステンシルなどのあそびにも使えます。観賞用ですが、子どもたちにはあそびに使ってもらいたいものです。

3-10 シモツケ

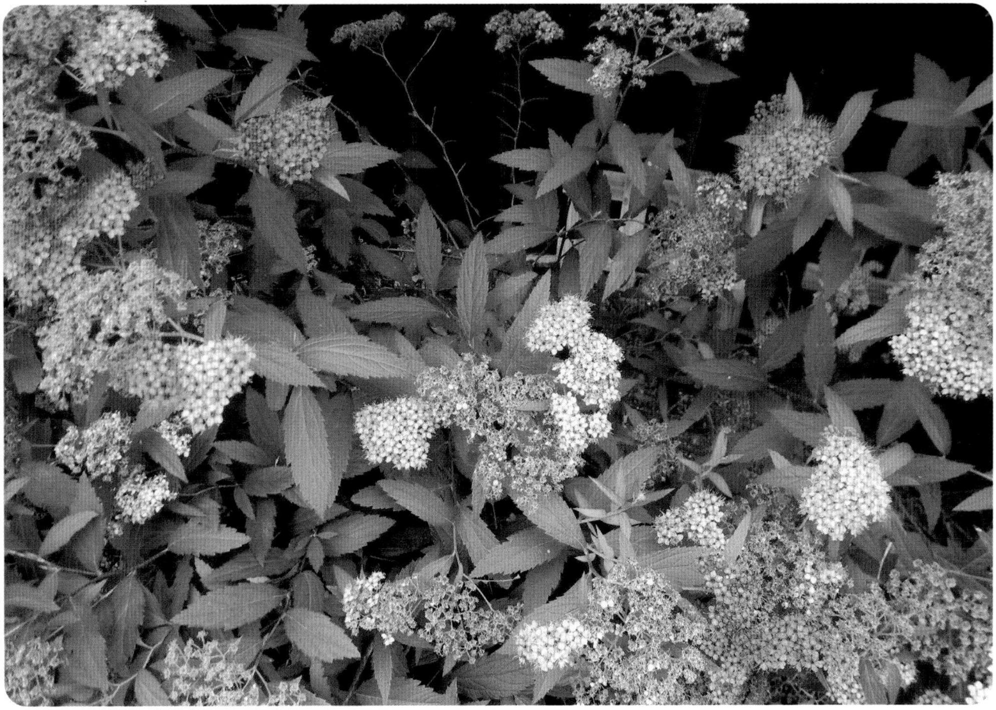

梅雨前ごろから暖かいと秋の終わりにかけて、薄紫の小さな花の集合体です。花の時期は長いので吸蜜植物として蜜を吸う昆虫が訪れてくれます。食草の植えるバタフライガーデンには植えたい植物です。意外と育てやすく、バタフライガーデンには必要な木です。

草本の仲間にシモツケソウというものがありますが、これは草です。

3→11 ヒメクチナシ

ヤエクチナシ

クチナシ

クチナシは梅雨を知らせてくれる植物の代表でもあります。八重のクチナシは切り花にして部屋に置くとほのかな香りを感じることができます。また、ヒメクチナシは花の後に実ができます。その実は冬まで置いておくと黄色い染料になります。クチナシの名前の由来は諸説ありますが、花のがくが開かないでその下に実をつけるので口が開かない（口がない）から来ています。がくが開かないで実をつける植物は、他にはリンゴが有名です。

クチナシの実

3-12 ニシキギ

秋に葉が真っ赤に紅葉するので、まるで錦のごとくということからこの名前がついています。数本固めて植えておくとそこだけが真っ赤になります。背丈もそれほど大きくないので、子どもの目線で楽しめます。枝にはコルク質のようなものをもち、実は秋には割れて赤い種を出します。これは鳥が見える色なので食べに来てくれます。バードテーブルなどを近くに置くと楽しい発見があります。

3→13 アベリア

アゲハ　シロ
（モンシロチョウ・キチョウ）など

夏

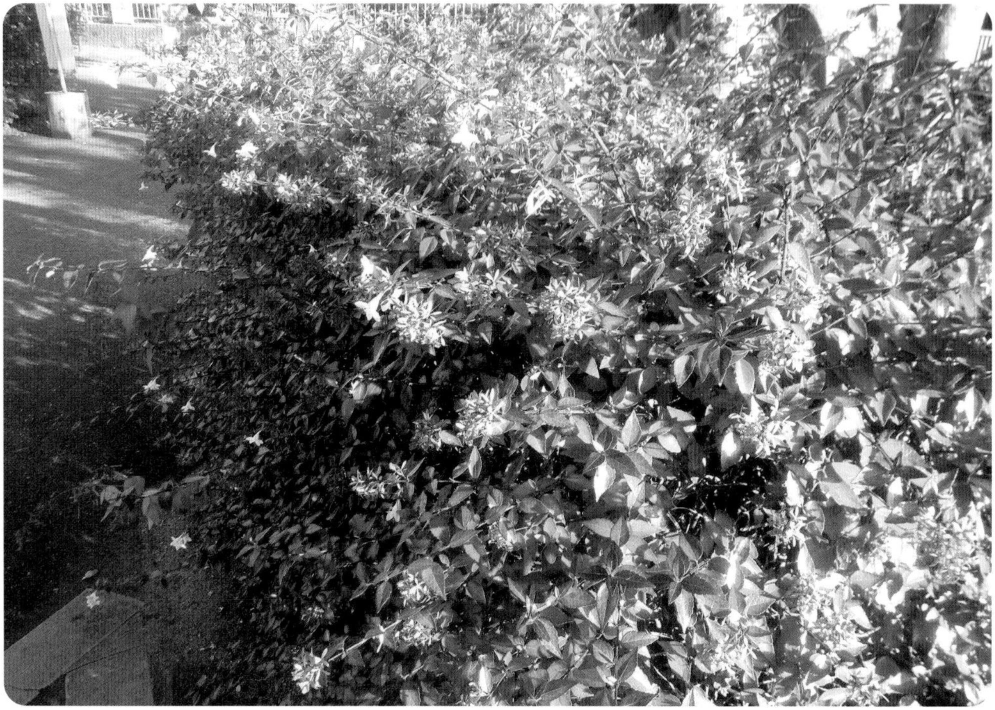

花の時期が長く、6月から11月ごろまで咲きます。街路樹として植えられていることが多いです。日本名を「ハナゾノツクバネウツギ」といいます。花はツクバネのような形をしています。この花もバタフライガーデンには必ず必要な木で、食草と植えておくと、吸蜜したチョウが卵を産み、そこで命の循環を観ることができます。ほかのウツギと違い花の時期に切り詰めても伸びた先に花をつけてくれます。

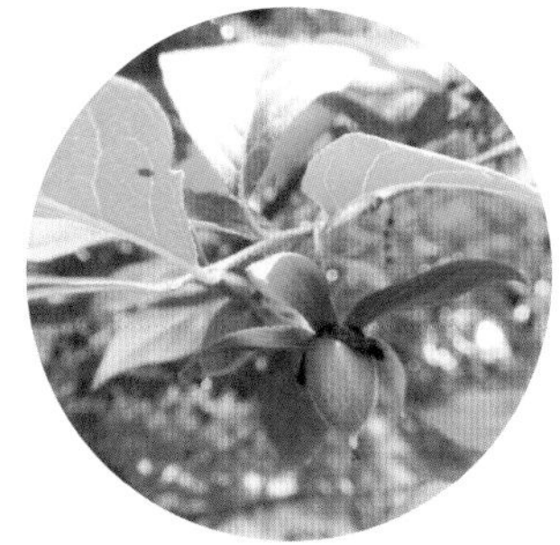

ツクバネ

4
フェンス緑化・壁面

4-1 ジャスミン

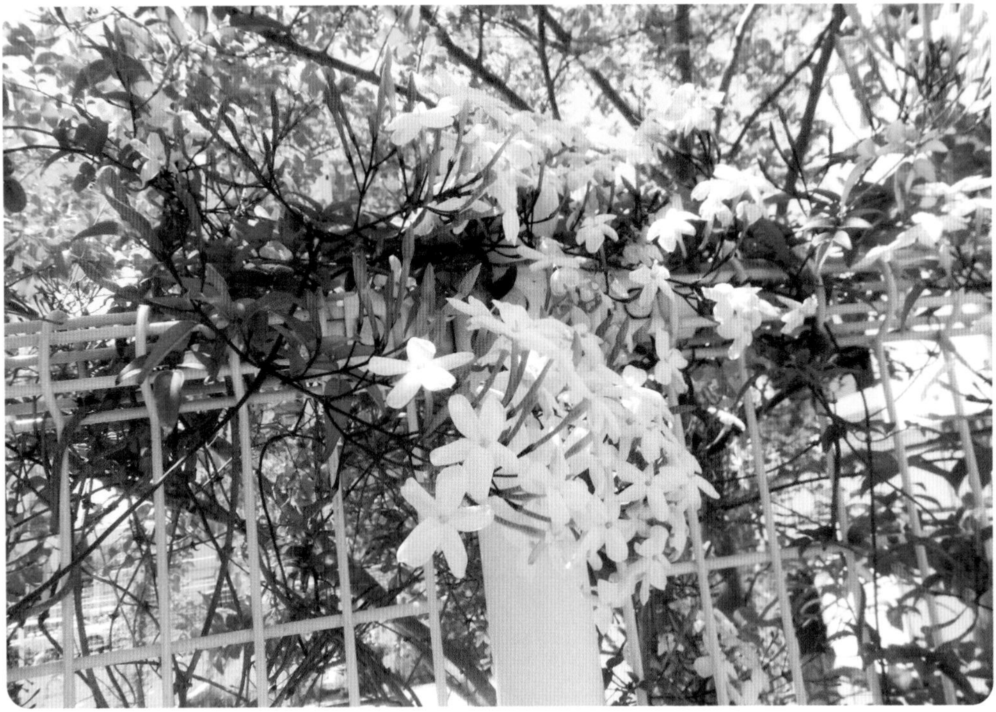

フェンスに植えると、つるは上に上にと伸びていきます。できるだけ下に枝が伸びるように誘引してください。花は白い小さなものがつきます。種類によっては、香りが強いものもあるので、あまり強いもは、園庭に植えるにはオススメしません。

春に花をつけるものは剪定時期をまちがえると花芽を落としてしまうので気をつけて管理しましょう。

4→2 トケイソウ（パッションフルーツ）

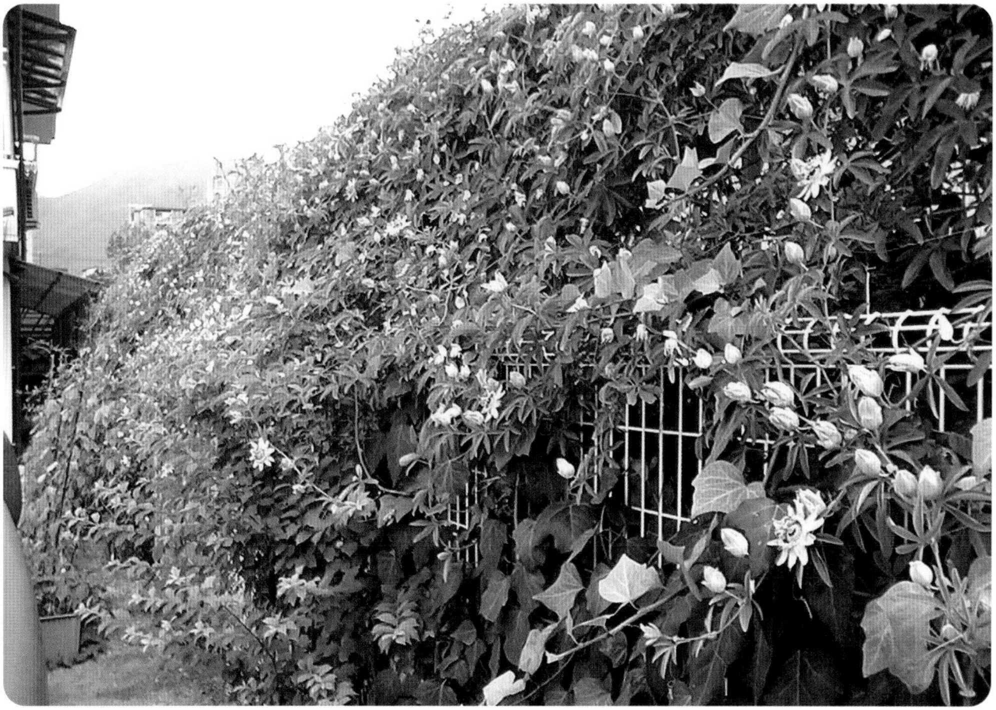

花の形が時計に似ているので、このような名前がつきました。クダモノトケイソウ（常緑）の実は、パッションフルーツという名で売られています。亜熱帯の植物ですが高温には弱い植物です。日本でも栽培され、売られていますが、肥料不足や水不足などが原因で実が落ちることもあります。

4→3 モッコウバラ

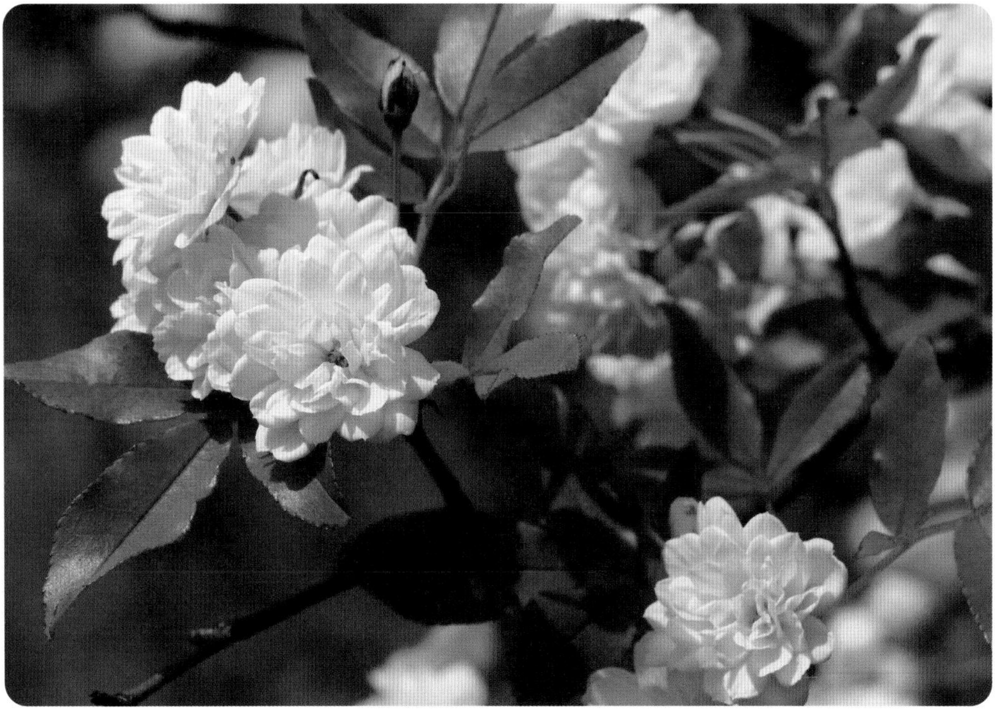

茎にトゲのないバラです。子どもが触れても安全で、花はたくさん咲くので、フェンスに植えるとそこだけ白い淡い黄色に変わります。つる性の植物は苗から育てるのが大事ですから意外と育てやすい植物です。花は５月ごろから咲くのでたくさんの生きものが吸蜜に訪れます。

4-4 ムベ

常緑のものでフェンスの目隠しに使えます。全体に葉っぱが茂るので、目にも優しいものになります。実は開かないのですが、秋に熟すと食べられます。また不老長寿の果樹としても有名で、天智天皇が食べて「むべなるかな（もっともである）」と話されて「ムベ」という名前がついたと言われています。

4-5 アケビ

この木は２本違う種類を植えないと花が咲いても実がつきません。必ず２本以上植えてください。秋ならではの山のおやつで、子どものころに食べた方もおられると思います。実が開くと食べごろです。甘い果肉の中に種が入っていますが、種をその場で飛ばせば、そこからまた芽が出ます。食べすぎると下痢を起こすこともあるので、ほどほどに。

4-6 カラスウリ

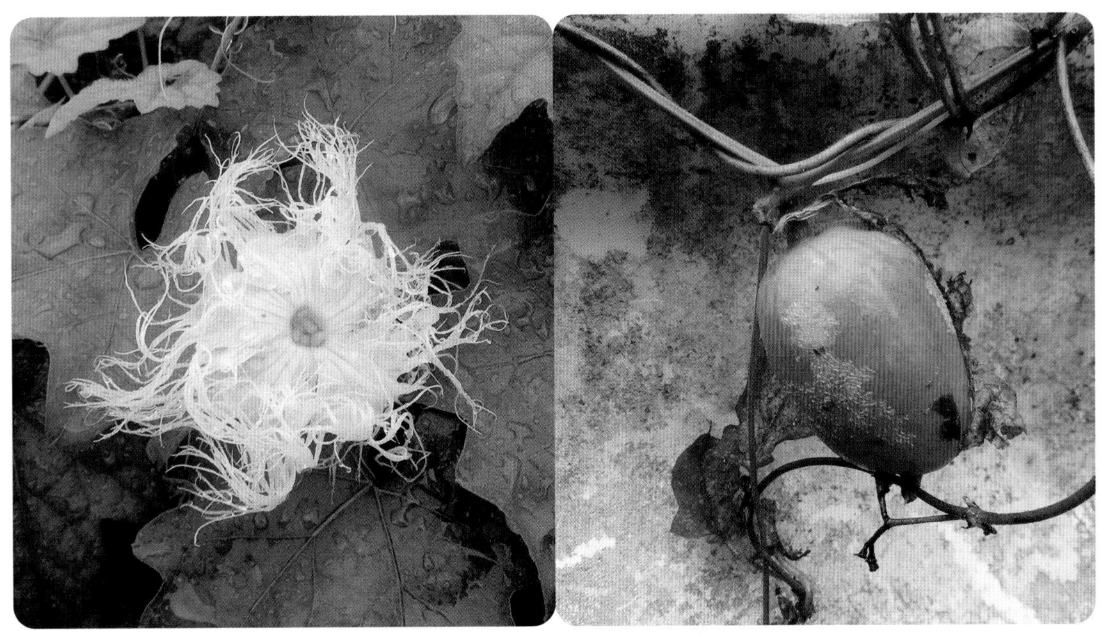

この花を見たことある方は、けっこう早起きか、夜更かしのどちらかです。なぜなら昼に花を見られることは、まずないからです。夜のうちに咲き、朝には閉じています。花がしおれた後に実になってスイカのような模様がオレンジ色になると、熟したしるしです。種もおもしろい形をしていますので、探してみてください。カマキリの顔に似ています。熟した実は赤く、おいしそうに見えますが、とても渋くて食べられません。

キカラスウリは、根を天花（瓜）粉にして使われていました。

種

4-7 ブドウ

普通、ぶどう棚は子どもの背の届くところにありません。子どもの目線は低いので見上げることがあまりなく、実っていてもなかなか見つけることができませんが、フェンスなどに絡ませると見つけやすいです。手入れは必ず、冬におこなってください。絡みだすと大変なことになります。伸びた枝を切りつめても、春に伸びた短い枝先に花は咲くので意外と簡単です。

4-8 ヘデラ

常緑の葉っぱです。吸着根（吸盤のようにはりつく根ですが、栄養は下の根からとります）で気をつけてください。メッシュフェンスなどの目隠しにはなります。目線の先に葉っぱがあると暖かく感じます。花は目立ちませんが、実がつくと冬の鳥たちの食べ物にもなり、茂みの中には冬越しの昆虫たちも入ります。

4→9 サルトリイバラ（サンキライ）

タテハ
（ルリタテハ）

サルトリイバラ

サルトリイバラの実

クリスマスリース

茎には小さなトゲがあります。里山などの明るい場所に樹にまとわりついて生えています。山のチョウ、ルリタテハの食草でもあり、春と秋に卵を産みつけに来てくれることもあります。実は赤くなり、クリスマスの飾りつけなどにも使えます。

サルトリイバラは在来種です。サンキライは、中国に分布しています。

ルリタテハの幼虫

4→10 フジ

フジの実

この樹はよく砂場の上などに植えて日除けにしているところが多いかと思います。花はマメ科なので、クマバチがよく来ます。クマバチはオスとメスの個体数がほかの社会性のハチとは違うのでオスも同じくらいいます。羽音が気になりますが、攻撃性はそれほどないので刺されることはほとんどありません。このハチのおかげで秋にはたくさんの実がつきます。この実は冬には、はじけるのですが、その前に収穫して中の種を取ります。黒い豆が入っています。この実はおはじきの原形です。あそびで使っているようなガラス玉ではないので実は炒って食べることができますが、多く食べると下痢を起こすことがあります。食べすぎには注意してください。

4→11 バラ

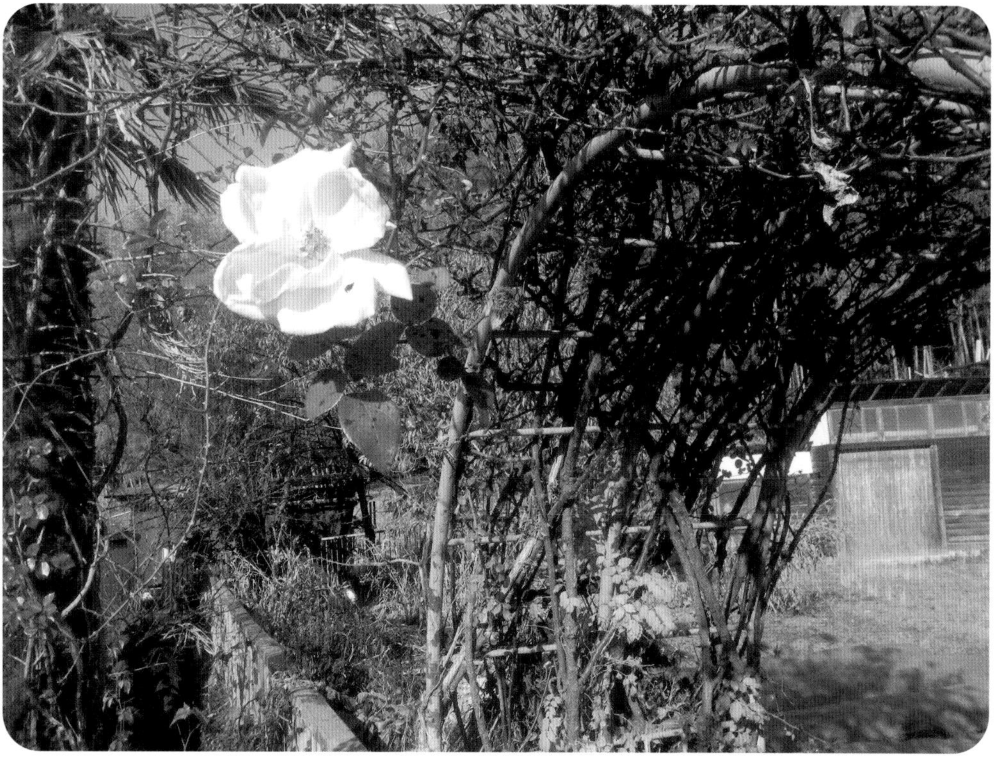

種類はたくさんありますので色の違いなどが楽しめます。トゲであそびをすることもできます。フェンスに、はわせるときは少し子どもの目線の上のほうにしてください。

トゲを鼻につけてあそびます

4-12 ツルマサキ

吸着根なのでコンクリートブロックなどを隠してくれます。ブロック全体に広がりますので、それまでは管理は必要ありません。広がると垂れてくるので、その枝は切り詰めてください。実もできます。

4→13 オオイタビ

吸着根なのでコンクリートブロックなどを隠してくれます。ブロック全体に広がります。
　吸着が強いため、倒壊防止などにも使われます。この木も覆い尽くすと枝が垂れるので剪定が必要になります。実は、少しおもしろい形をしています。

5

宿根草・バタフライガーデン

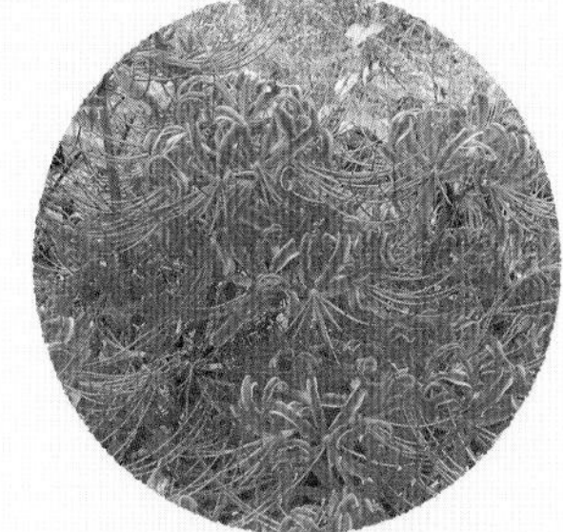

5→1 オミナエシ

秋の七草

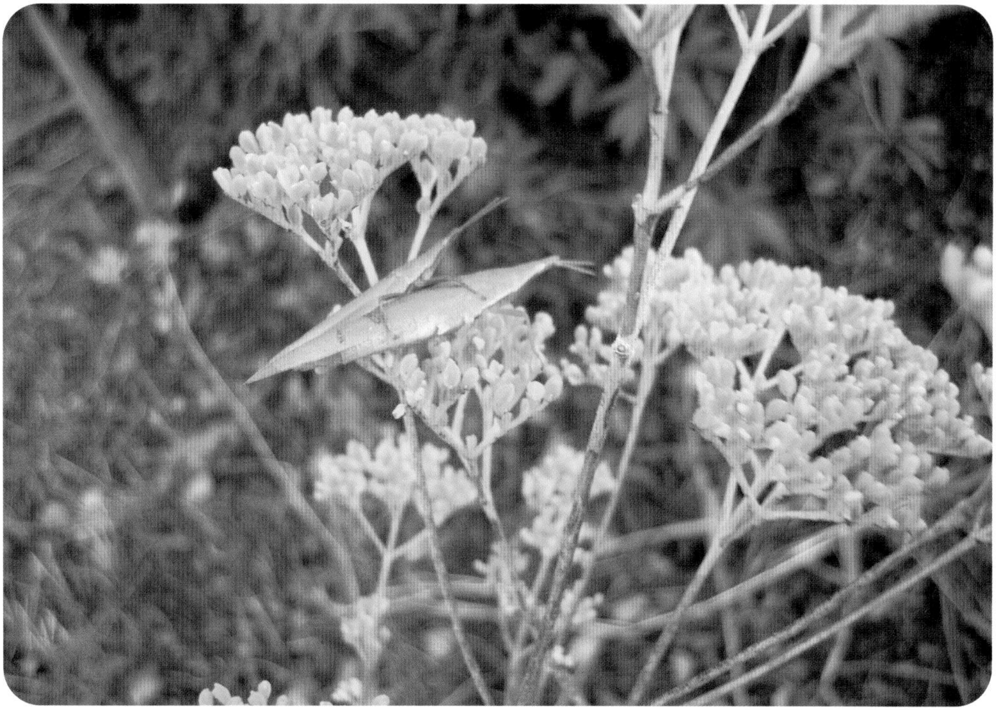

漢字では「女郎花」と書きます。もちろんオトコエシ（男郎花）という植物も存在します。比べる必要はありませんが、白い花でそれほど目立ちません。黄色い花の集合体です。この花は、黄色い花なので昆虫には目立ちやすく、たくさんの種類がやって来ます。花の数が多いのでその分、花粉が多くあるのです。花粉のにおいも特徴的なので、ぜひ植えて生きものが集う姿を感じてください。秋の七草でもあります。

5-2 ススキ

昔はかや場というのがあり、里山では入会地で管理して屋根の吹き替えなど村全体での作業に使われました。ススキの仲間によく似たオギがありますが、ススキは乾燥地に生え、放射状に広がります。一方、オギは湿地などに生えて根は横に伸びます。

どちらも若い穂を丸めてフクロウの草あそびができます。園庭に植えるならススキでしょう。注意しなくてはならないのは、イネ科なのでかかわり方で、葉っぱの横で手を切ることがあります。イネ科の植物は枯れてもしおれることはありません。根元から切り落としても次の年には生えてきます。木の葉はケイ酸が多く含まれるので、焼いて灰を畑に入れると苗がしっかりします。さまざまなことに使えます。

フクロウの草あそび

5→3 キキョウ

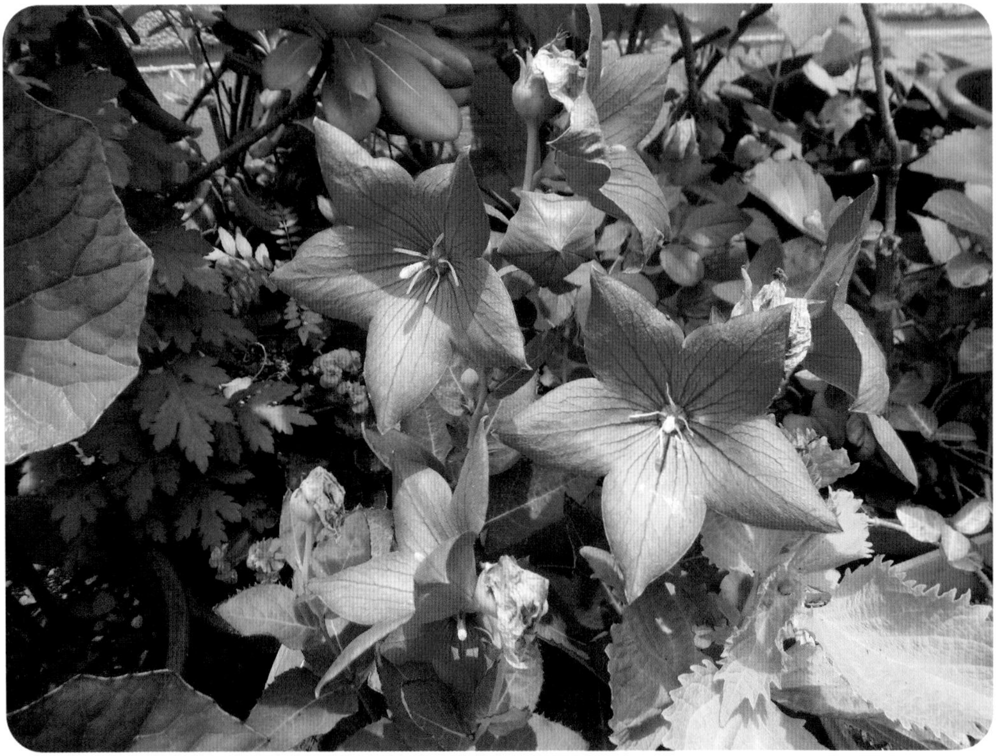

花は星の形の淡い青紫色をしています。今はほとんど野山では見かけなくなりました。残念ながら今は、庭先で観賞用として栽培されているのを見かける程度です。この植物に限ったことではありませんが根っこに毒をもちます。漢方薬としても有名です。花はつぼみが風船のようになりポンと開きます。秋の七草で、万葉集では朝顔ともよばれています。

5-4 フジバカマ

秋の七草

ご存じの方も多いかと思いますが、渡りをするチョウ。アサギマダラの吸蜜植物の一つです。大きめのプランターなどに植えると秋にアサギマダラがやってくることがあります。京都ではチョウのマニアや保育園、学校などで植えられていて、アサギマダラを確認したという報告はよく聞きます。マーキングをして放して、観察することができます。こんな小さいチョウが1500km、1日200km移動した報告もあります。子どもたちに伝えたいものです。秋の七草です。

アサギマダラ

5→5 ナデシコ

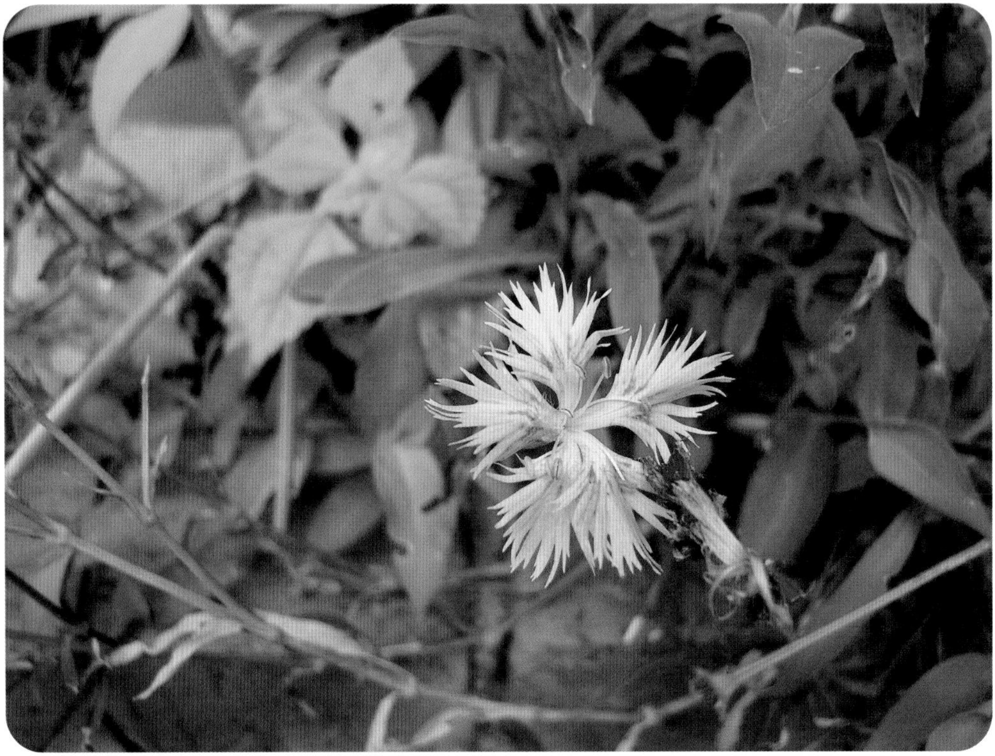

カワラナデシコ

カワラナデシコ、ヤマトナデシコ（学名）という名もありますが可憐な花です。決して目立つ花ではありませんが、なでしこジャパンという女子サッカーで一時有名になりました。花の後に種がつきますので、その種を持ち帰り花壇に植えたい花の一つです。

市販されているものはシナナデシコという種類です。母の日のカーネーションはこの仲間です。秋の七草です。

5→6 クズ

マメ科の植物で、繁殖力が強く、管理されない里山で樹木を覆い被さるように生えています。クズに限らず、ヤマフジもほかの植物に覆い被さるように生えます。祭りなどでフジのツルが使われなくなり、管理ができなくなったのが原因の一つだとされています。

日本では外来種の植物が原因で在来の植物が繁殖場所を取られていると問題になっていますが、つるの伸びが早く緑が広がりやすく一時期、海外の緑化に使われました。今は海外では特定外来種生物になっています。しかし花はとてもきれいですし、葉っぱでも草花あそびができます。根は、くず湯やくずきりに使われる日本の伝統的な文化に一役かっているのも事実です。冬には葉を落とすので茎をクリスマスリースづくりなどにも使えます。

葉が大きいので握りこぶしの上に葉を載せてパンと反対の手でたたけば大きな音がします。また、キチョウの幼虫がつきます。根は、くず粉の原料になります。

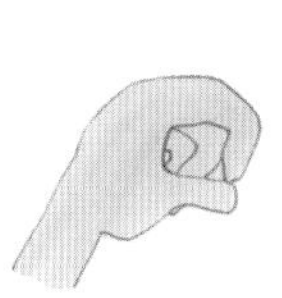
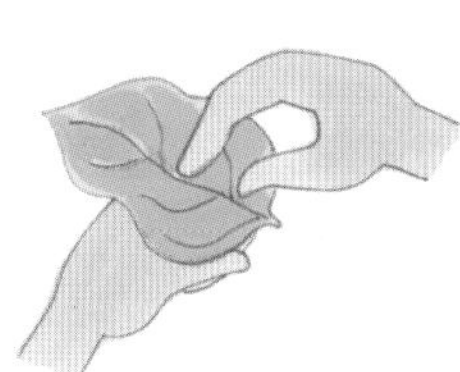

パンと反対の手でたたく

葉っぱを折りたたみ、
噛みあとをつけるあそび

5-7 ハギ（ヤマハギ）

おはぎは秋に食べる牡丹餅の名前が有名ですが、この植物は草ではなく樹木になります。この樹もマメ科なのでクズとよく似た花が咲きます。管理はいたって簡単で、花が終わったら根元から切り落とせば、次年はたくさんの芽がでます。切った枝もその昔は生け垣の穂垣や袖垣の鉄砲などに使われました。枝はあそびにも使えます。マメ科なのでキチョウの食草にもなります。花の蜜はチョウには吸えませんがパタパタ飛んでいるキチョウをみかけたらそれは卵を産み落とすために訪れたものです。

春の七草は「せり なずな ごぎょう はこべら……」と覚えやすい歌のようなものがあります。実は秋にも覚えやすい呪文のようなものがあります。「オスキナフクハ」または「オキナワスクフ（沖縄救う）」と名前の頭文字を並べます。しかし、植物の名前を覚えることが目的ではなく、ここで大切なことは、この植物を観察できる環境を整えることです。また特徴として子どものあそびに使える他の生きものがかかわる、地域の環境を知ることだと思います。

花壇に「秋の七草」を植えることをオススメします。これらはすべて宿根です。クズは5－6で書いたように少し問題があります。季節を感じる植物ですが、観賞用の植物としてはとてもきれいですが、ほかの生きものがかかわる在来の植物を植えてほしいところです。

5-8 ホタルブクロ

下を向いて咲く花です。ちょうど6月ごろに開花が始まります。この時期にはホタルが飛び交い。そのホタルを捕まえて、その花の中に入れてちょうど提灯（ちょうちん）のようにして持ち帰ることからホタルブクロという名がついています。花の開花を見てホタルの時期を感じることができる花でもあります。

5→9 ホトトギス

タテハ
(ルリタテハ)

鳥のホトトギスの名前をもらった花です。花には鳥のホトトギスにある胸の斑点がついています。11月ごろに開花する花です。この葉っぱには山のチョウでもあるルリタテハが訪れます。10月ごろに葉っぱに特徴的な毛虫がついていたら、捕まえて飼育ケースに入れて観察してみましょう。数週間でさなぎになり越冬できるので、チョウになります。

5→10 ブッドレア

バタフライガーデンなどに吸蜜植物として植えることをオススメします。花は観賞用でもありますが、たくさんの蜜をもつ花が咲くので昆虫類が訪れてくれます。食草の植物を植えておくとその場にとどまることがあります。

5→11 カタバミ（ムラサキカタバミ）

シジミ
（ヤマトシジミ）

ムラサキカタバミ

クローバーとまちがえる人もおられますが、これは在来の生きものです。葉っぱで10円玉をみがくとピカピカになります。別名ゼニミガキという名があります。葉っぱにはシュウ酸が含まれているので、きれいになるのですが、戦時中はこの葉を食べたという方もおられます。食べすぎると結石ができるそうです。ヤマトシジミの食草でもあります。

5→12 ヨモギ

タテハ
(ヒメアカタテハ)

春の草を摘んできて団子をつくります。春の初めの時期は、香り（2月～）でほかの生き物に食べられることが多いです。食べられないためには、一番香りが強い3月ごろに出始めたヨモギを取ることをオススメします。葉っぱの裏には白い毛がはえているのが特徴ですのでまちがえないようにしてください。夏過ぎには花が咲き種を落とします。葉っぱにはヒメアカタテハの幼虫が食草として訪れることがあるので、枯れるまでそのままにしておいてください。種はそのころ草地で採取できます。

5→13 イラクサ

タテハ
（アカタテハ）

葉っぱが大きいので握りこぶしの上に葉を載せてパンと反対の手でたたけば大きな音がします。イラクサには秋にアカタテハの幼虫がつきます。少しトゲがあるように見えますが毒はありません。道端などに普通に生えている雑草といわれる嫌われ者ですが、幼虫をみつけて持ち帰り飼育してみてください。越冬のできる個体なので11月ごろにはチョウになります。

5→14 ヤブカラシ（ヤブガラシ）

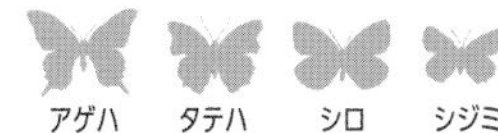

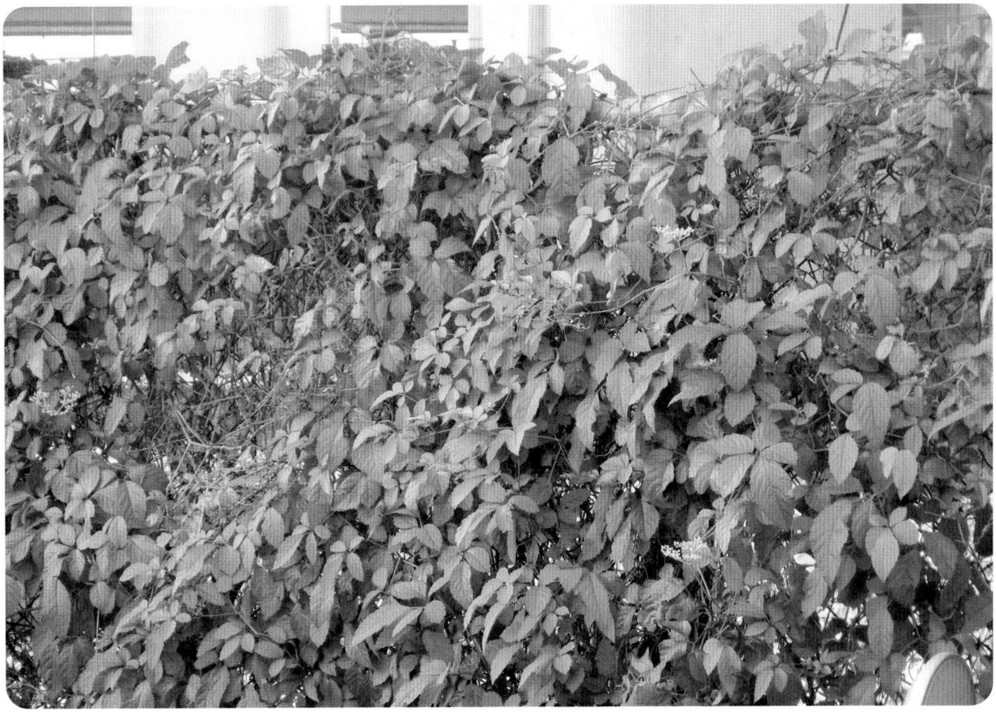

フェンスや樹木に絡みつくように生えていて、下にある草木などを覆い隠して陽を当てなくして枯らしてしまいます。樹木に絡みつく、厄介者ですが、スズメガの仲間のセスジスズメガの食草です。少し気持ち悪いですが、刺すことはありません。花は夏に咲き、たくさんの生きものがやってきてくれます。

スズメガの幼虫

5→15 ヒガンバナ

「花は葉を見ず　葉は花を見ず」という変わった生きものです。秋のお彼岸の時期に咲くこの花は、他の花たちが休眠期に入る時期に花を咲かせます。越冬する昆虫の最後の蜜を与えて種をつくります。もちろん球根でも大きくなりますが球根が大きくなるのは、花が終わり、他の植物が冬枯れの中、細い葉をいくつも出して、冬の太陽を集めて育ちます。暖かくなり他の植物が動き出すころには枯れて眠りに入ります。草花あそびに使えます。

シロヒガンバナ

5→16 アザミ

夏の初めに咲くアザミ、種類はたくさんあります。春のチョウや昆虫が訪れます。葉っぱはトゲがあるので触るときは気をつけてください。夏の終わりには種がつきますので、そのころ採取して園庭の花壇にまいてください。

5->17 ランタナ（シチヘンゲ）

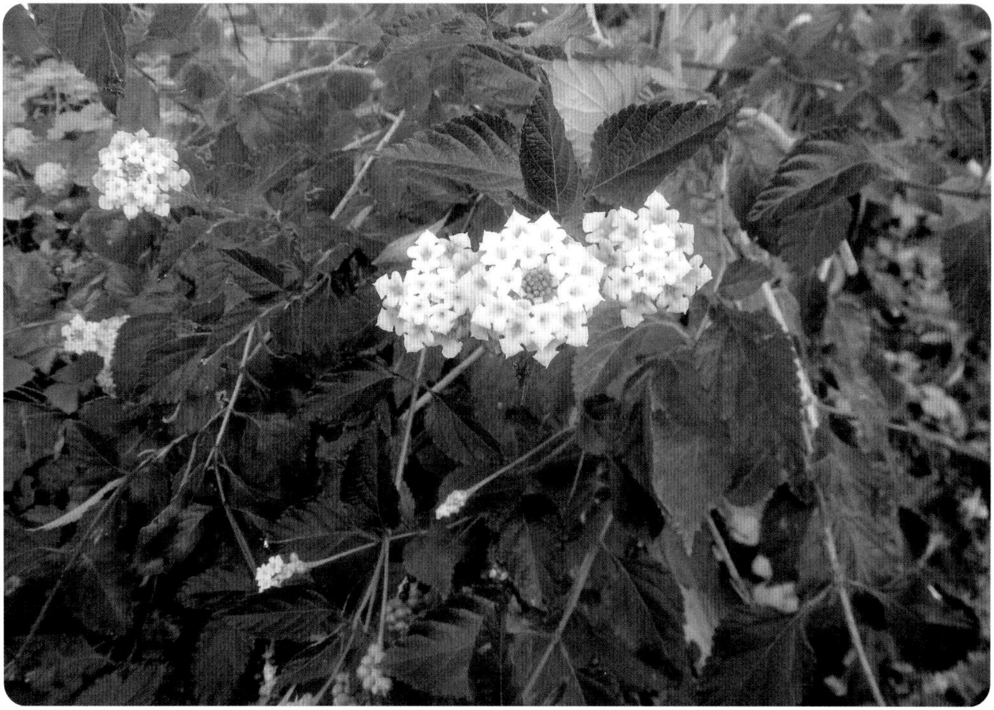

園芸品として売られています。夏の終わりから花を咲かせるので、冬越しの昆虫の吸蜜として植えられます。花に特徴があり色が変わります。その変化に気がつくとおもしろい発見があります。色は黄色からオレンジや赤紫と変化します。これは昆虫が受粉すると変わると言われています。

5→18 マリーゴールド

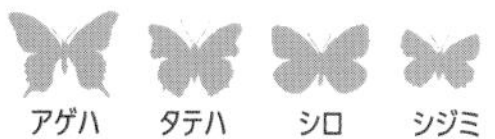

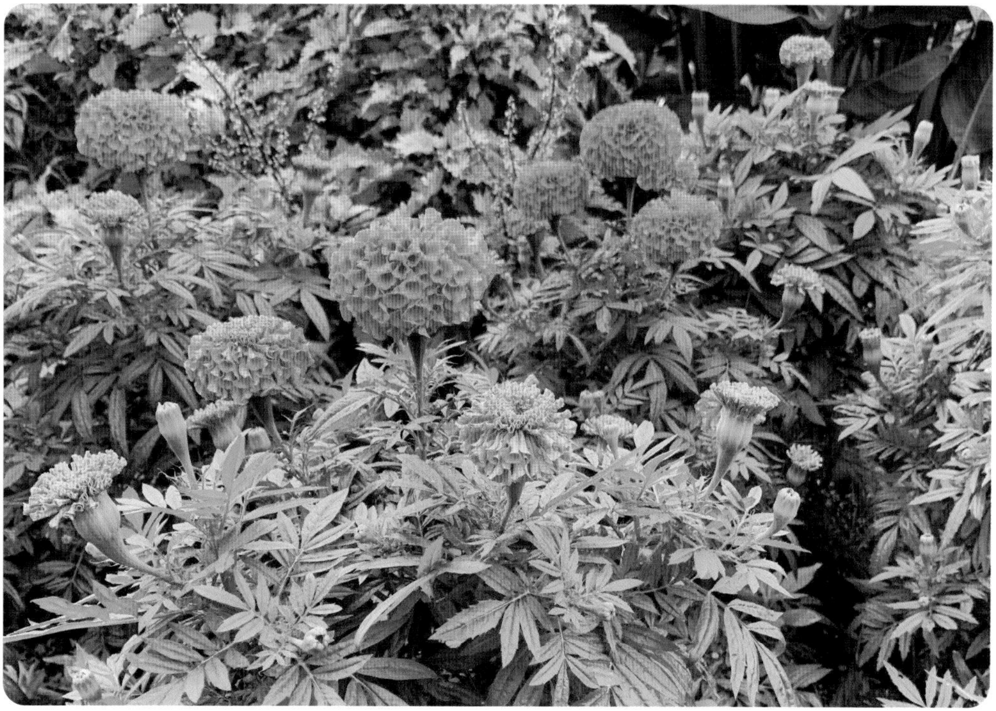

畑のコンパニオンプランツなどにも使われます。吸蜜植物として植えられます。花の時期は長く、蜜も多く含まれますので花壇には数本植えておくことが大事です。

＊コンパニオンプランツ：野菜と混植することで病害虫を抑えたり、生長を助けてくれる共生植物のことを言います。農薬を使わずに虫から守ります。マリーゴールドは、根の分泌液から土中のセンチュウ（線虫）を遠ざける葉っぱから防虫効果が期待できます。

5→19 ゲンゲ（レンゲソウ）

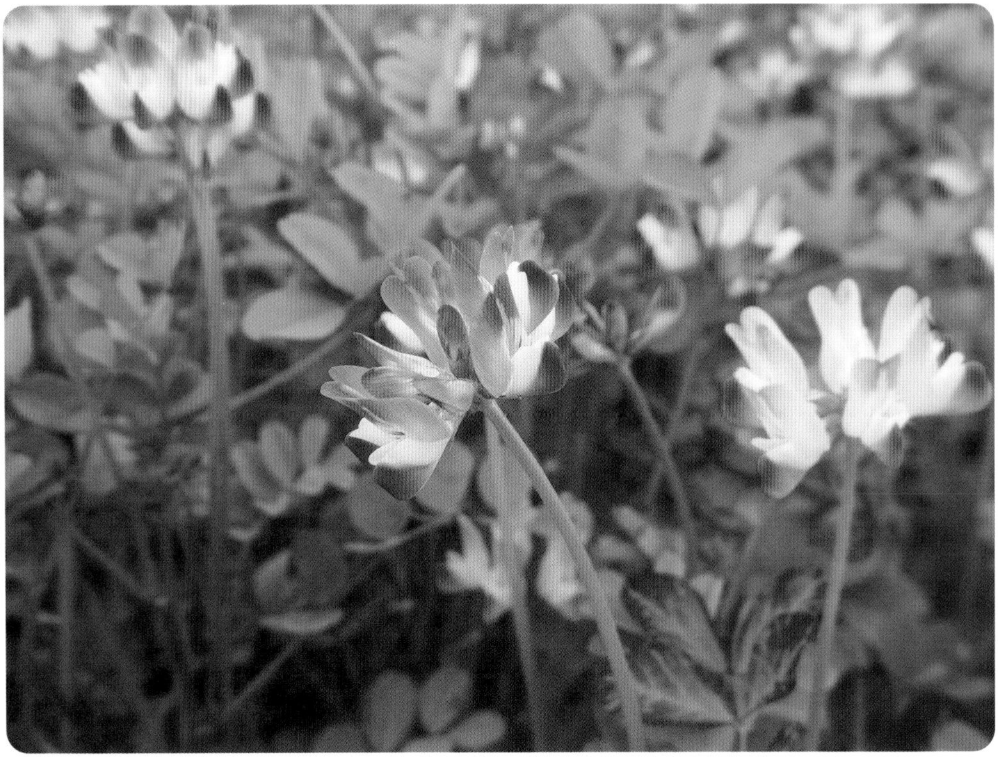

畑の肥料として9月ごろ種をまくゲンゲソウ。マメ科の植物なので根に根粒菌をつくります。窒素を貯めてくれるのです。花にはミツバチなど、マメ科特有の生きものが訪れてくれます。花輪にしてあそぶこともできます。

花輪

5→20 コスモス

秋の終わりに種をまくことが大事です。種は寒さにあてないと芽を出してくれません。
　一度まいておくと、こぼれダネが出るので毎年花が咲きます。越冬するチョウなどの吸蜜にもなります。

5→21 ヒメジョン

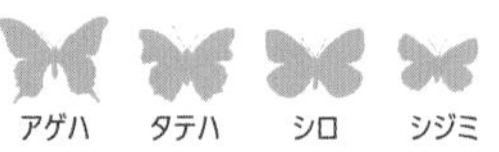

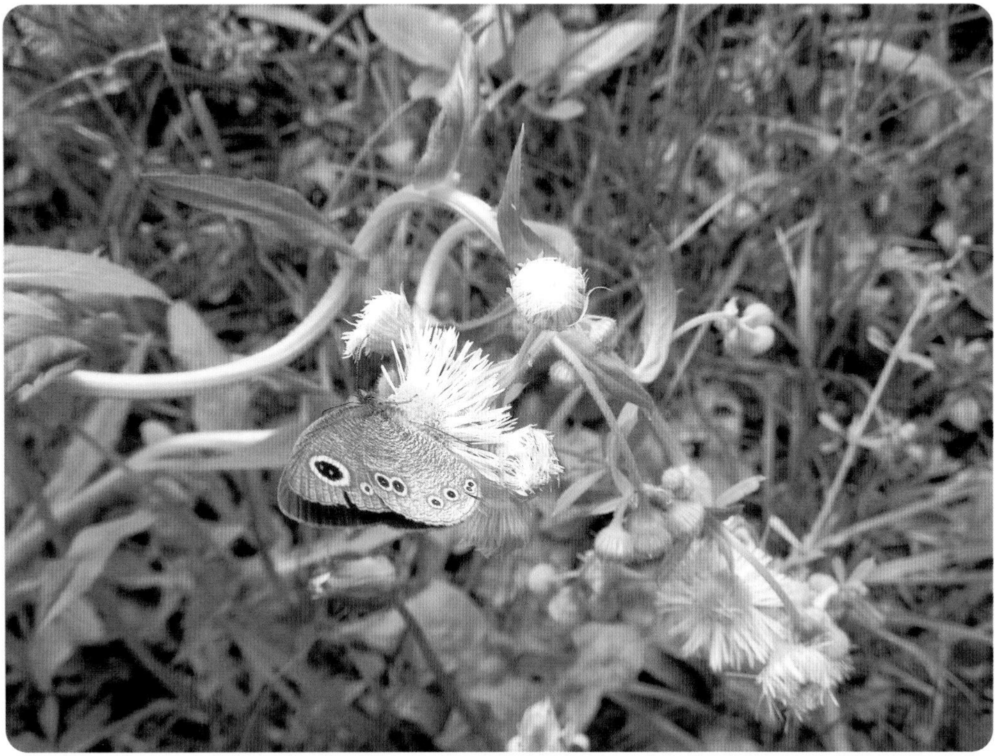

春から夏にかけて咲く雑草といわれる植物ですが、時期が長い分たくさんのチョウが訪れてくれます。

ハルジオンは春だけですが、ヒメジョンは長く咲きます。

5→22 アブラナ

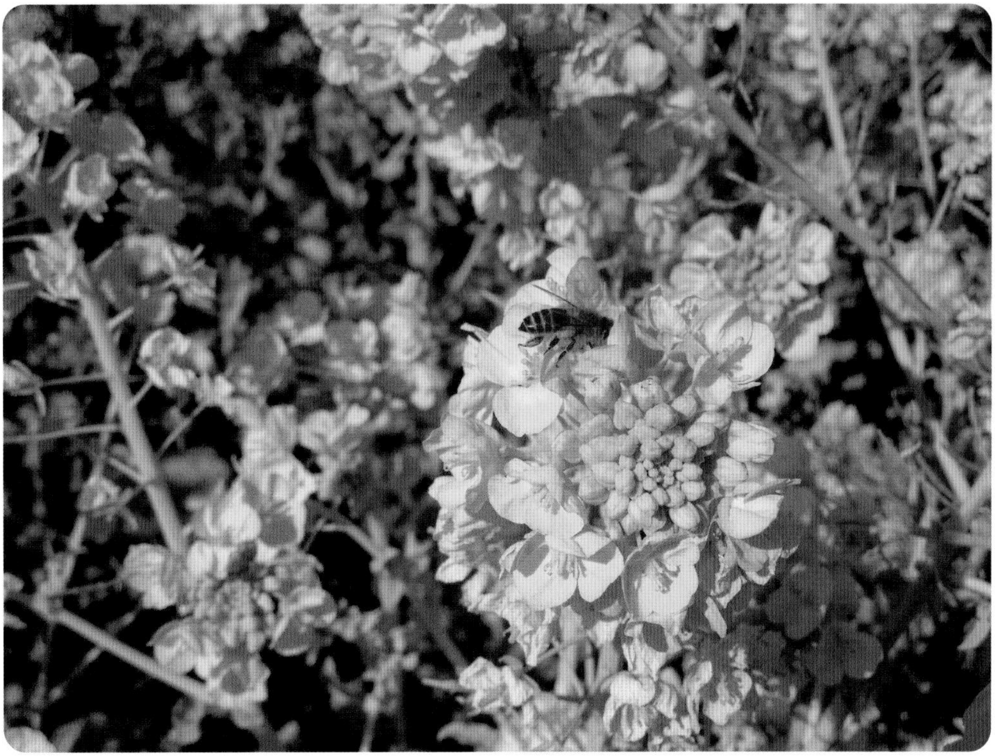

春一番に黄色い花をつけるアブラナ科の植物です。黄色い花が春に多いのはチョウなどの昆虫は紫外線から見ているので、黄色が一番目立つと言われています。畑に摘み忘れたキクナ、キャベツ、ブロッコリーなどにも黄色い花が咲きます。

5→23 カンサイタンポポ

タンポポの種類は、主にセイヨウタンポポ、カンサイタンポポ、シロバナタンポポなどですが、60種類以上ともいわれています。都会では、セイヨウタンポポが多くを占めます。このタンポポは、春だけではなく秋にも出てきます。カンサイタンポポは、春にしか出てきません。

茎は中空ですから先をつまんで吹けば音が鳴ります。金管楽器のリードのようです。タンポポの茎は白い汁が出ます。草花の白い汁は毒が多いのですが、この草は問題ありません。基本的にセイヨウタンポポの葉っぱは、サラダ用として入ってきています。種はもちろん綿帽子になれば吹いて飛ばせます。園に持ち帰り園庭で種を飛ばせば、やがて生えてくれます。

タンポポの茎を切り水にさらすと両端が反り返ります。能などで使う小鼓にみたて「タン・ポン・ポン」と打つ音から命名されたという説があります。江戸時代にはツヅミグサともいわれていました。

6
生け垣

6-1 ウバメガシ

備長炭の主な材料で、ご存じの方も多いかと思います。

目隠しには一番向いています。生け垣などに使い、ドングリが取れる樹木の１つです。葉っぱは小さく、馬の目のような丸い形をしています。剪定時期は11月ごろ、ドングリが採れてからになります。春先などに花が咲く時期に切り詰めると、取れなくなりますので注意が必要です。

6-2 カナメモチ

要(かなめ)という字のとおり、枝は金づちの柄になるぐらいかたい木です。花は春に咲きますがたくさんのチョウや昆虫の吸蜜にもなります。秋口に実ができます。もちろん冬越しの鳥のエサになります。

春先の新芽は朱くなり、ベニカナメモチともいわれています。葉っぱが朱いのはセイヨウアカメガシワ（ベニカナメモチ・レッドロビン）になります。葉を楽しみたいときは、夏の終わりに剪定すると９月にはまた新芽が吹き出し、朱い葉を観ることができますが、実も落ちてしまうので、冬鳥のエサにはなりません。

6→3 ネズミモチ

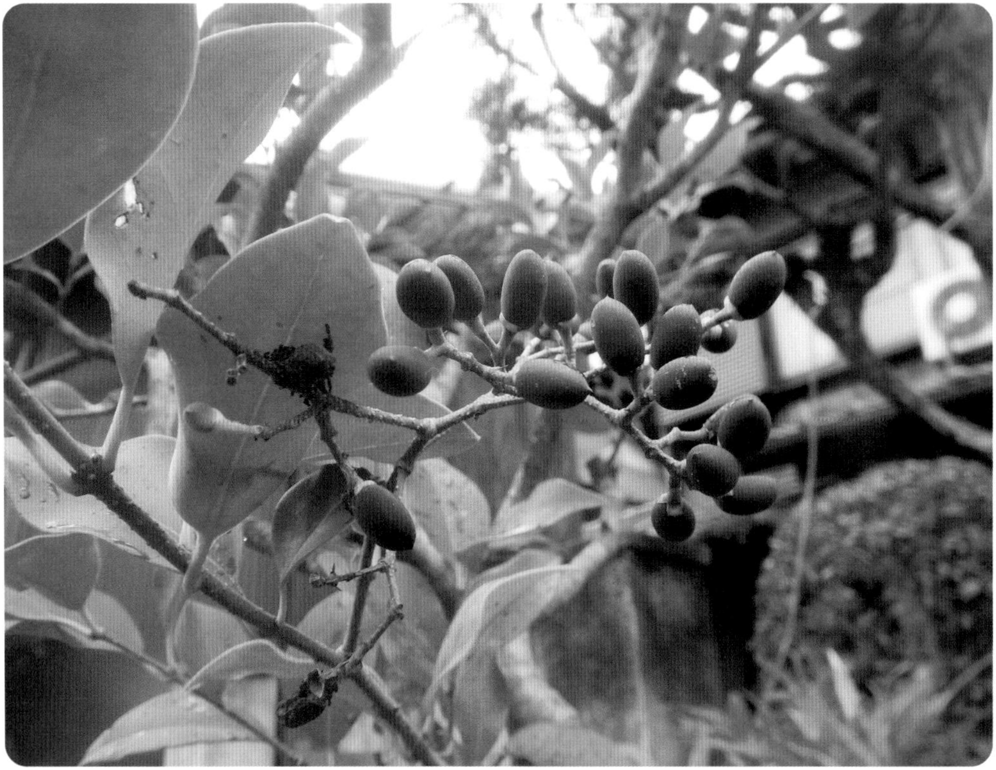

6月ごろに咲く花は、たくさんの小さな花の集合体です。チョウや昆虫たちが集まる樹木の一つ、吸蜜植物でもあります。実は、冬には黒くなり冬鳥のエサにもなります。種がネズミのうんちの形に似ている（丸ではなく楕円形）のでこのような名前がつきました。

トウネズミモチという種類もあります。この実は丸く大きいです。また街路樹や高速道路などにも植えてあることがあり、排気ガスが多いところでも生育する種類です。交通量の多いところでは目隠しにもなり、排気ガス対策にもなります。

6-4 キンモクセイ

キンモクセイは10月の初旬に咲きます。運動会など行事とつなげて記憶に残すには仕掛けが必要です。ヒイラギモクセイは運動会の終わりを告げます。

花が咲いたり、においを放つ時期と行事などが重なると楽しみが増え思い出深くなるのではないでしょうか。また、落ちた花を集めてにおい袋に入れたりしてあそびにも使えます。街中でもどこからか、においがしてきます。大人になっても街中でこれらの香りをかぐと、園のことを思い出してもらえるかもしれません。

6→5 ヒイラギ

ヒイラギは、葉っぱには鋸歯（ノコギリ歯）があります。トゲに注意してください。花はキンモクセイに比べると目立ちませんが、ほのかな香りを放ちます。子どもが入らないようなところに植えるとよいかと思いす。水の量に対して重曹を10％溶かし、葉っぱを入れて煮詰め、歯ブラシなどで葉脈を採取することができます。よく乾かしてラミネートなどで加工すると、しおりになります。

ヒイラギモクセイの葉脈

6→6 トキワマンサク

花の時期が長いので、生け垣にしてたくさんのチョウや昆虫を誘い込みましょう。

落ち葉のマンサクは、春一番に咲く「まずさく」「豊年まんさく」からきていて、越冬する昆虫を誘う黄色い花をしていますが、常緑のトキワマンサクは白色とピンク系統はあります。二種類植えるとコントラストがとてもきれいです。また花の時期も5月ころで、昆虫などが活発に動き出す時期でもあります。

命とあそぶ

命とあそぶ環境は、今は少なくなりました。そのように考えると、乳幼児期に園庭という安全な場所で思う存分生きものと、触れあうことが大事だと思います。一番大事なことは、関わるものはすべて、「生きている」ということです。奥本大三郎氏は言います「命を大事だと思うには、たくさんの花を摘んで、生きものの死を体験すること」が大事だと。新卒の先生が、子どもたちが草花を摘んであそんでいるときに「大学では生きものを取ってはだめだと指導されていた」と言われたことがありました。このように指導されている学生は生きものに触れることができません。日本の自然は多様です。その多様性と子どもの多様性は結びつくことができるのです。園庭を変えるだけで子どもにそのような体験ができるかというと、そうではありません。『センス・オブ・ワンダー』にも書かれていますが、そこには必ず大人の役割が必要になります。子どもが不思議さに気づいた時、そばにいて一緒に考えてくれる大人が必要です。残念ながら、保育者は、大学のカリキュラムに、生態系、生物学、昆虫学などは科目にありません。そのことを学んでいないので子どもと共感することが少ないのが現状です。それほど専門的なことでなくても、身近な草花あそびや昆虫について、せめて街路樹の木の名前や園庭の植物につて少しだけ知ることから始めてみてはいかがでしょうか。

福岡伸一氏は言います「自然というのは、何も“大自然”じゃあなくても良いのです。都会の中の公園であっても“小自然”はたくさんあります。そういった場所を維持していこうとする努力が大切です。そのためには、“小自然”に気づくようになることが大事なことです。漠然と観ていても見えてきません。でもちょっと目を凝らせば、あるいは耳を澄ませば、動物や植物、虫たちの活動というものが見えてきたり、聞こえてきたりします。自然は「ここが自然だよ」と教えられるものではなく、自分で「見えない自然」を見つけていかなくていけないものだと思います。」

中村桂子氏は、生きものに触れるということはそこから「なぜ」が生まれます。その「なぜ」を解決してくれるが「科学」です。理科離れ科学離れが言われている昨今、そのことの根元は幼児期の体験不足なのかも知れないと話します。「外なる自然」は「内なる自然」を育てないとだめだともいいます。英才教育も大事かもしれませんが幼児期に体験しておかないと、このような体験（あそびとして）は後々できることではありません。九歳の節までにはたくさんあそびの中での体験が大事だとものいわれています。子どもたちに今こそ身近な命を感じる空間（小自然）を保育政策に入れ込む時期ではないかと思います。

命とあそぶ樹木を入れる。落葉樹、常緑樹、果樹は季節のものを配置する。観賞用の花壇ではなく、生きものが来る草花を植える（バタフライガーデン）。畑はプランターでも構わないので設置する。生産を目的としない。命を育て命を食べる。「いただきます」の意味を知る畑づくりなどを考えてみてください。

7
樹木

7-1 サンシュウ

春一番に咲くサンシュツの黄色い花。春の訪れを感じさせる代表的な樹木です。そのあとに赤い実ができるのですが、葉を落とさない限り見つけにくいです。でもこの実は、冬越しの鳥たちには欠かせない大事な実なのです。身近に冬鳥を感じることができる樹でもあります。

7-2 コブシ

つぼみは、枝先につきます。秋以降に枝を切ると花芽を落としてしまうことがあります。

葉よりは先に花が咲くので春告げの樹木ともいわれています。

コブシの名前は秋に実をつけるとわかりますが、「握りこぶし」からきています。

その中には赤い実があり、実は糸でつながれてぶら下がります。そのぶら下がる赤い実を鳥たちが食べて、遠くに運んでくれます。

7→3 ロウバイ

12月から１月にかけてロウのような黄色い花をつけます。香りがとてもよくて、この花が咲いたら年が変わるということを子どもたちに伝えたいです。樹木は季節を感じるものだからです。

7-4 ヤマボウシ

アメリカハナミズキと違い葉っぱが出てから花が咲きます。緑の上に白い帽子をかぶったような花です。この時期はたくさんの昆虫が訪れてくれるので花後に実がつきます。この実は小さなサッカーボールのような形をしていて食べることができます。

7→5 ネムノキ

マメ科の植物です。ＴＶで有名なのは、♪この木なんの木　気になる…♪で有名な樹はこの仲間です。大きな傘の形をつくり日陰を園庭につくります。日陰がほしいところはこの木を植えることをオススメします。花は夏の暑い中で咲き、花火のような可憐花を枝先に咲かせます。葉っぱは夕方になるとしぼんでしまいます。オジギソウのように葉を閉じてしまいます。お迎えにきた親御さんがこのことに気がついて「葉っぱも眠っているから○○ちゃんもかえろうね」と伝える姿がうれしいものです。マメ科なのでチョウはキチョウなども来てくれます。

7-6 ケヤキ

街路樹でもご存じのケヤキ。樹形は竹ぼうきをさかさまにしたような形です。大きな木陰をつくることもできます。この木にはなぜか蝉がたくさん訪れます。夏の木陰でセミを取る子どもたちの姿は時代が変わっても同じです。関東では大木になります。植えるときには園庭の中のほうに植えてください。紅葉がとてもきれいです。でもこの紅葉は子どもたちの目線より木が高いので、見上げてもらう必要があります。

7→7 イロハモミジ

種がクルクルととびながら
落ちてくるよ！

保育園には季節を感じる樹木の代表のような樹だと思います。
　秋になると種ができます。風が吹くと羽をつけた種がクルクルと飛びながら落ちていきます。それを拾い少し高いところから投げてみるとクルクルと舞う姿が見られます。紅葉はとてもきれいで、造形あそびにも使えます。

7→8 イチョウ

街路樹でもたくさん見られるイチョウの木は、防火林として植えられることが多いです。実をつけるには雄雌の木を植える必要があります。黄色く色づく11月には落ち葉が地面に黄色いじゅうたんをつくります。このような季節で変わる樹木を知識で知ることも大切ですが、その前に感じることが大事だと思います。

芽

7→9 フウ

紅葉がとてもきれいで、11月の下旬には真っ赤に燃えるような樹になります。そのころに、スズカケの木のような実をぶら下げます。その実には色づけしたり工作やクリスマスの飾りつけにも使えます。大きな大木になるので、植えるときはできるだけまわりに何もない園庭の中ごろに植えてください。

漢字で「楓」と書きます。カエデとも読みますが本来はこのフウの木をさします。

7→10 カツラ

ハートのような形の葉っぱがとてもかわいく、葉っぱは黄葉します。その葉っぱからはバニラのようなあまーいにおいが出てきます。落ち葉を数枚手の中で握りつぶしてにおってみると、とても良い香りがします。においは記憶に結びつくのであそびの中で子どものときに感じてほしいものです。

7→11 トウカエデ

「唐楓」と書くように中国原産の樹木です。ムクロジ目ムクロジ科でカエデの仲間です。名前の由来通り、一番カエルの手に似ていると思います。紅葉もきれいですし、種には大きな羽がついているので飛ばしてあそびに使えます。

街路樹などにも使われていますが樹木は堅く、木登りには向いていますが、新芽には少しトゲがあるので気をつけてください。

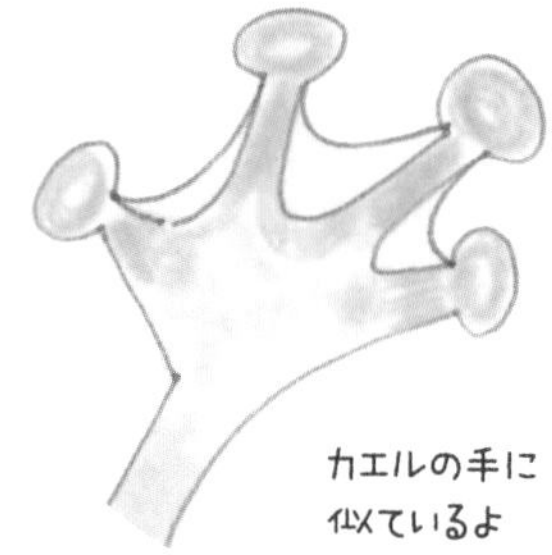

カエルの手に
似ているよ

7→12 ムクノキ

秋になると小さな実がつきます。初めは緑色をしていますが、11月には少し色好き熟します。このころが食べごろで、昔は子どもの山のおやつでした。子どもたちには木登りして食べていたようです。天秤棒にも使われたほどで、しなりがあり折れにくく木登りに適しています。葉っぱは少しざらさらしているので、乾燥させて、陶磁器や木製品を磨くのに使われます。今でいうサンドペーパーのような役目をします。このことを知っていると　泥団子を磨く素材にもなりますし、焼き物や木の工作などの仕上げに使えます。

7→13 エノキ

神社、寺などに大きな大木があると思います。エノキを食草としているのは、ご存じ日本の国蝶オオムラサキです。京都の大原学園（大原小中学校）では、理科で子どもたちと調査している先生がおられます。幼虫は、冬の落ち葉の木の根ぎわにいて越冬するチョウです。このほかにゴマダラチョウなども来ます。タテハの仲間のテングチョウも食草にしています。甲虫では七色に変わるタマムシです。タマムシ成虫も葉っぱを食べることがあります。実は小枝とともに地面に落ちます。もちろん実は食べられます。

7-14 カシワ

ご存じ葉っぱは、柏餅に使います。地方によってはサルトリイバラの葉っぱを用いるところもあります。「万葉集」中では、葉っぱの大きなホオノキやオオタニワタリのことを、カシワとよんでいます。大きな葉っぱに食べ物を包んだりふかしたりするのに使い、コノデガシワのような針葉樹は蒸したりするのに使われたようです。葉っぱには殺菌作用が含まれているので昔の人は知っていたんですね。園庭で取れる葉っぱで包んだ餅を食べる経験をすることは、子どもにとって忘れられない行事になりますし、大人になっても毎年来る節句の日に思い出してもらえる記憶に残せる樹木になります。ドングリはクヌギのように大きく、葉っぱも冬には落ちません。次の年まで落ちないので、子孫繁栄の樹だともいわれています。

7→15 オニグルミ（クルミ）

かたい殻で覆われているのでオニグルミという名がついています。河川などの河原に生えています。実は葉っぱを落としたころに広い外の身を出せば中の種にあのクルミの実が入っています。オニグルミは一つの枝にたくさん実をつけますが、クルミはそれほどつけません。どちらも大木になるので植えるときは園庭の中のほうに植えることをオススメします。

7→16 コナラ

里山の代表的な樹です。薪炭などに使うために植えられていました。ドングリは少し細長いのが特徴です。葉は落葉せずに枯れた状態で樹に残ります。切株を残して伐採しても芽吹きが強いので萌芽更新します。切った幹は冬にシイタケ菌を入れれば二年目の秋にシイタケが取れます。

7-17 クヌギ

これも里山の樹です。幹の枝に傷をつければ蜜がでて夏の昆虫を呼び寄せることができます。残念ながらスズメバチもやって来るのでそこは注意が必要です。ドングリは大きな殻斗（かくと）（ドングリの帽子）はほかの物とちがい特徴があります。このドングリはできるまでに二年かかるので毎年切れば実のつきが少なくなります。

7-18 マテバシイ

この実も食べられます。

この実は熟すのにクヌギと同じで二年かかります。

剪定を毎年していると実がつかないこともあるので、手入れをしてくれる造園屋さんに、実がつくように剪定をお願いしてください。園庭の樹木は、子どもたちのものだということを忘れないでください。

7→19 シリブカガシ

マテバシイ科のドングリなので、実がつくまでには二年かかります。この花は春には咲かず、秋に咲きます。ほかのドングリと違うので切り方に注意が必要です。落ちた実を拾いそれを服などでみがくと光ります。光沢のあるドングリです。炒って食べることができるドングリですが、あくまでも食べすぎには注意が必要です。

7→20 アラカシ

常緑樹のドングリの代表。街路樹や公園などにも植えてあります。切る時期さえまちがえなければ、秋にはたくさんの実をつけてくれます。葉は光沢があり落葉時期は春です。園庭に植えるのならアラカシをオススメします。このドングリは運動会を終えたころに実を落とし始めます。散歩に行くと公園やお寺などでも落ちています。ここで気をつけたいのは、大人の対応です。先に進むことよりはドングリと対話している子どもを見守ってください。子どもたちは、拾い始めると次から次へと拾います。「公園に行くから。早くいこう」このことばかけは子どもの大事なものを奪います。

7→21 エゴノキ

花は5月ごろに下向きに咲きます。下向きに咲くということは、チョウのような昆虫は吸蜜にはこれません。来る昆虫を、樹木が自ら選んでいるということになります。なにがくるかは植えてからのお楽しみです。

種は、食べられるのを防ぐために熟すまでにいろいろな毒を出します。皮の部分にサポニンが多く含まれるこの実は、シャボンあそびに使えます。花が不思議なだけではなく、あそびになる木を植えてみませんか。

7-22 ムクロジ（無患子）

ムクロジの実をご存じだろうか。この名前を知らなくても、種であそんだ記憶のある方はおられるはずです。お正月に、羽根つきしたときに、羽についているおもりがこのムクロジの実です。この羽根は、トンボにみたてられていて、農耕民族の日本人は、今年もたくさんのトンボが飛んで田んぼの害虫（お百姓からみて）を食べてもらうために飛ばしたとも言われています。またこのムクロジを漢字では、「無患子」と書きます。そう、疾患が無い子どもととらえることができます。その意味でも羽根つきの羽根を飛ばして元気な子どもを育てる意味でも使われたとも言われています。保育園には一本ほしい樹でもあります。また、この実を包んでいる皮の中には、エゴノキ同様にサポニンが含まれていますので、シャボンあそびができます。

7→23 エンジュ

エンジュはマメ科の植物です。花にはたくさんの昆虫が集います。秋になる実もシャボンあそびに使えます。運動会が終わるころにぶら下がる実を集めて、バケツに入れて混ぜると泡立てることができます。靴下やハンカチなどが洗えます。

落葉する葉っぱは、マメ科の植物の特徴でもあります。複葉なので、一枚の葉っぱは実はたくさんの葉っぱの集合体でもあります。葉は互生して羽根状の葉を持ちます（桜のような葉を単葉といいます）。

7-24 ナンキンハゼ

実

この樹は街路樹でも植えてあります。秋になると実がはじけて白い種が飛び出します。ムクドリやヒヨドリ、キジバトなどが食べに来ることもありますが、この実はろうそくのろうになります。城下町などではハゼの木がたくさん植えられていました。

ハゼの木はかぶれることがあるので、あまりオススメできませんがナンキンハゼは紅葉もきれいですからぜひ一本ほしいものです（兵庫県内では公園などの公共施設では植えられません）。

ろうそくの作り方

実をすり鉢ですりつぶし白い粉を集め、種は捨てます。その粉をガーゼに包み一度蒸します。蒸したものを絞り出し、汁を取り型に流してタコ糸などを入れると、ろうそくができあがります。

7→25 ゲッケイジュ（ローリエ）

□ーリエのことで、カレーなどの香辛料に入れます。もんでにおいを感じながらあそぶことで記憶に残すことができます。園庭のものはすべてあそびに使います。観賞ではありません。

7→26 トチノキ

トチの実

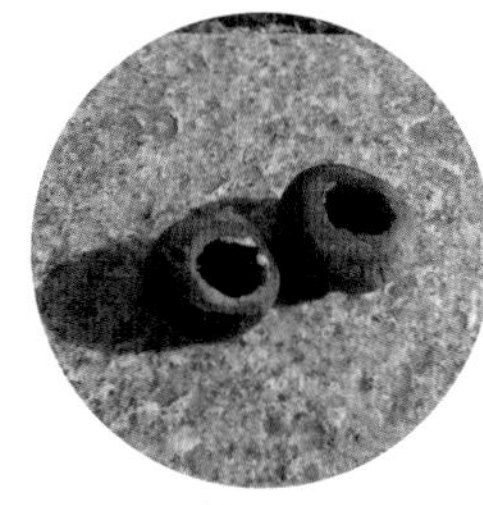

トチの実の笛

街路樹にも使われる樹木です。実はもちろんあく抜きをして餅などに入れて食べることができます。植える場所はできれば湿気のある肥沃（ひよく）な土を好みます。

西洋トチノキはマロニエともいわれて、在来のトチノキとは少し実のつき方が違います。種の中をくりぬいて笛にしたりしてあそびます。

『モチモチの木』（岩崎書店）に登場するのは、このトチノキだと言われています。

7→27 ヤシャブシ

日本固有種の木です。ハンノキのような実ができます。クリスマスの時の飾りに使えます。根にはゲンゲのような根粒菌を育てるた土質は痩せた土地でも育ちます。ヤシャブシの太くなった枝を使いほだぎ（原木栽培する際に菌をうえる木）には、マイタケの菌を入れることができます。

7→28 サンゴジュ

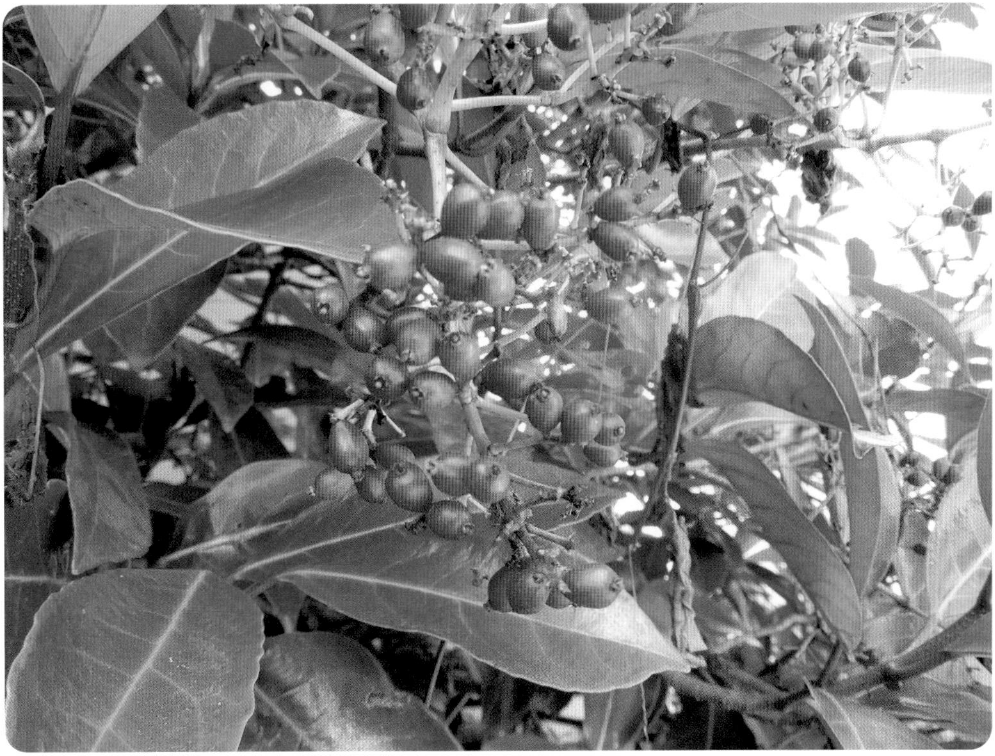

サンゴのような赤い実がつくのでこの名前がつきました。小さなたくさんの花の集合体で咲かすので、たくさんの昆虫が訪れます。チョウ以外に甲虫なども訪れるのでぜひ植えてほしいものです。葉には、サンゴジュハムシという幼虫・甲虫が葉っぱを食べに来ます。虫が食べたあとの葉っぱが模様のように見えるので、子どもたちは、何かにみたててあそぶことができます。害虫と言われるものの食害でもあそびをみつけることができる子どもの発想力はすばらしいものだと思います。秋になる赤い実は鳥が訪れてくれます。

ア→29 クスノキ

アオスジアゲハの幼虫

クスノキをご存じでしょうか。大きな木です。一番有名なのが 「となりのトトロ」でトトロが住んでいるところです。神社やお寺などには縄を巻いたものも見かけたことがあると思います。昔は、この木から「樟脳（しょうのう）」をつくっていました。樟脳をご存じない若い方もおられるので説明しておくと、和タンスなどに着物を入れておくときに使われた防虫剤です。

クスノキ科の木は山にも存在します。タブノキ、アオダモ、シロダモ、ヤブニッケイ、ゲッケイジュもそうです。爪楊枝に使われるクロモジ、シロモジなどが身近に見かけると思います。この科の植物はとりあえず葉っぱをとり、手の中でもんで香りをかぐことです。とてもよい香りがします。

7→30 シダレヤナギ

川の近くにヤナギは生えているのを見かけることがありますが、ヤナギは折れた枝が刺さるだけでそこから大きな大木になることがあります。冬に枝を切り取り（許可を得てからね）園庭に刺しておくとそこから芽が出ることがあります。できれば少し湿地のところが良いかと思います。大きくなった枝を切り取りリースのようにしてクリスマスのときに使います。園庭で取れた枝で個人個人のリースあそびを楽しんでください。

7→31 シュロ

鳥たちが運んでくれるシュロの種は、街中でも見られます。もし園庭に植えてあればそれはとても楽しいあそびの一つになるでしょう。

シュロの葉っぱでの工作では草バッタやサイコロなどが編めます。ほかにもカタツムリや少し難しですが、金魚、沖縄の咬む蛇などもできます。

またエンジュなどでシャボンあそびをしたときに、シュロの皮を束ねてこするとたわし代わりになります。幹が大きくなれは、お寺の鐘つき堂の鐘つきの棒にもなります。まっすぐの繊維なので縦の繊維は強く、横はやわらかいので簡単に切ることができます。

おわりに

今回の本は、全国私立保育連盟の『保育通信』（生きもの植物とのつき合い方）、全国社会福祉協議会出版部『保育の友』（身近な自然を楽しもう）にコラムを依頼されて書いてきたものの中から樹木・草花の部分を抜き出して、書き足したものを再構成したものです。私が初めて園庭の本を出してから、他にもたくさんの園庭に関しての本が出ています。今まで、園庭はグラウンド、または遊具に占領されていたところから少しずつ、身近な自然を大切にするように変わりつつあります。また園庭づくりも保護者の力を借りながらつくるところも増えています。学校と園で大きく違うのは、園は保護者がかかわる時間が多いということです。私も保育士として働いていたころは、保護者といっしょにあそび小屋をつくった記憶があります。最近では、保護者の方にも園庭の変化について、あそびについて伝える機会が増えてきました。この本は保護者にもぜひ読んでもらい、自然を身近に感じてほしいと思います。

私は里山モニタリング調査（NACS-J）を12年ほどしています。この間のモニタリングで感じることは、手の届くところの自然の変化です。今まであった植物がなくなることが増えてきました。それは一概には言えませんが、環境の変化からきています。このまま進むと、いつの間にか今まであそんでいた草花、樹木がなくなることも考えられます。子どもたちはあそびを通して、その変化を感じると思います。

このことは持続可能な社会を構成するうえでも大事なことです。

写真は草むらであそぶこどもです（写真）。大人には単なる草むらですが、子どもにとってはあそび場の一つです。その草むらであそぶことは草の香りを感じたり、皮膚にあたる感触、またはそこにいる虫の発見、生きものと触れ合うことは乳幼児期の子どもにはとても大切なことだと私は考えています。

最後に、コロナ禍ですが出版にあたり打ち合わせ等に京都まで来ていただき、お力をいただいた、かもがわ出版の中井史絵さんに御礼申し上げます。

小泉昭男

〈参考文献〉

・『ちっちゃな科学 好奇心が大きくなる読書＆教育論』（中公新書） かこさとし 福岡伸一 著
・『知の発見「なぜ」を感じる力』（朝日出版社） 中村桂子 著
・『作ろう草玩具 身近な草や木の葉でできる』（築地書館） 佐藤邦昭 著
・『虫権利宣言』（朝日新聞社）奥本大三朗・海野和男 著
・『センス・オブ・ワンダー』（新潮社）レイチェル・カーソン 著 上遠恵子 訳
・『いっしょにあそぼ草あそび花あそび 春夏編／秋冬編』（かもがわ出版） 佐藤邦昭 著
・『日本の七十二候を楽しむ―旧暦のある暮らし―』（東邦出版） 白井明大 著 有賀一広 絵

PROFILE

小泉昭男（こいずみ・あきお）
1959年生まれ。現在、京都女子大学非常勤講師。小泉造園代表。保育士資格・幼稚園教諭二種普通免許。一級ビオトープ施行管理士。環境再生医上級。自然再生士。NPOビオトープネットワーク京都監事。次世代支援を考える管理工会。日本ビオトープ管理工会京奈和支部代表。

撮影協力園：朱い実保育園、くわの実保育園（亀岡市）、つくし保育園（京都市）、あおぞら保育園（大津市）、風の子保育園、十三保育園、たかつかさ保育園、天神保育園（池田市）、みはた虹の丘こども園、きたの保育園（野洲市）、瀬川保育園、洛陽保育園、さつき保育園、東野こども園、おひさま保育園（豊中市）、むこっこ北保育園、神戸市立魚崎幼稚園、白い鳩保育園、茨田第二保育所、復活幼稚園、京都市立第四錦林小学校

＊連載「園庭、庭先で 生きもの、植物との付き合い方」（〈公社〉全国私立保育園連盟機関誌『保育通信』2018年4月号～2019年3月号）「続・園庭、庭先で 生きもの、植物との付き合い方」（同・2020年4月号～連載中）、スポット掲載「毒のある生きものとの付き合い方［植物編］」（同・2020年12月）をもとに加筆・再構成し、写真・イラストを補充して、編集・制作いたしております。
＊連載「身近な自然を楽しもう」（全国社会福祉協議会　出版部『保育の友』2017年5月号～2020年4月号）をもとに加筆・再構成し、写真・イラストを補充して、編集・制作いたしております。

本文イラスト：近藤理恵
写真提供：PIXTA　P19、P20（ナシ・ブルーベリー）、P52、P65（左）、P73

子どもの観る目をはぐくむ
植物探検ブック！
園庭は季節を感じる窓

2021年2月14日　第1刷発行

著　者／©小泉昭男　Koizumi Akio
発行者／竹村正治
発行所／株式会社　かもがわ出版
〒602-8119　京都市上京区堀川通出水西入
☎075(432)2868　FAX 075(432)2869
振替　01010-5-12436
印　刷／シナノ書籍印刷株式会社

ISBN978-4-7803-1139-6 C0037　Printed in Japan